Juliette Merris

Je veux un bébé tout de suite !

Diiis ? Mon cœur ?
Et si on faisait un bébé ?

Hugo Desinge

À Émilienne, Marie et Inca

L'essentiel est invisible pour les yeux...

Antoine de Saint-Exupéry

Directeur d'ouvrage : Jean-Claude Gawsewitch

38 rue la Condamine. 75017 Paris
www.hugoetcie.fr
ISBN : 9782755617764

Au commencement, il était une fois...

Bonjour petite fille, je suis la fée.
Ton horloge biologique a sonné ! Je vais te transformer en femme avec des seins, une taille sculpturale et plein de nouvelles hormones pour t'épanouir !
Gné ?

Il était une fois un mélange entre l'instinct sauvage, les contes de princesses et le bourrage de crâne social

C'est quoi ce corps ?! Je devais me transformer en **PRINCESSE SUBLIME** ! Reviens ici tout de suite !
AH !
Oui, oui, mais il faudra faire beaucoup de sport, manger de la salade ou miser sur la beauté... intérieure.
Donc, quelques années de beauté intérieure plus tard...

Coucou, dis bonjour à Fée Marraine ! C'est l'heure ma chérie !
Quoi encore ? Barre-toi !
Ne t'inquiète pas, cela sera merveilleux ! Tu vas devenir obsédée par les enfants. Après cette petite lobotomie, tu seras hystérique, cela va ruiner ton couple ! Merci qui ?

On fait un bébé ?

Diiis ? Mon cœur ? Et si on faisait un bébé ?
Allez !
Dis oui !
Dis oui !
Dis oui !
Dis oui !
OUI
Dis oui !
Dis oui !
Dis oui !
DIS OUI
Heu… Juste avant la ménopause, ça irait ?
Nan mais il faut être patiente, c'est tout ! Pas d'ultimatum, pas d'hystérie quoi !
Je ne lui mettrai pas la pression. Il faut que cela vienne aussi de lui…
Je ne suis pas une nana chiante !
POURQUOI !!!
Au fait, y'a plus de dentifrice !
Pourquoi !
Pourquoi ?
Pourquoi tu ne veux pas faire un bébé ?

Man versus Wife

Tu ne veux pas profiter de la vie encore un peu ? On se couche à l'heure qu'on veut, on se lève quand on veut. On part n'importe où. Un gosse va briser tout ce que l'on a construit à deux.
Mais, enfin ! On ne s'arrêtera pas de vivre parce qu'on a un môme !!!
Des tas de gens en ont et survivent bien !
Tu n'es pas assez heureuse ? Je ne suffis plus à faire ton bonheur ?
On est bien trop jeunes ! On a le temps.
Mauvaise foi !
On est fauchés !
J'ai économisé !
On a déjà un chat, c'est suffisant.
Tu n'es pas en train de comparer un chat à un enfant ?
JE NE SUIS PAS PRÊT ! Non, mais tu me vois avec un enfant dans les bras ?
JE SUIS UN GOSSE !!! Comment veux-tu que je m'occupe d'une autre personne ?!
Parfait ! Ce sera l'occasion de lui prêter tes jouets !
PLUS DE SORTIES ! PLUS DE VOYAGES ! PLUS DE GRASSES MAT' ! PLUS DE LIBERTÉ !
Ils pleurent, ils coûtent cher, il faut s'occuper d'eux tout le temps, se lever la nuit, il n'y a aucun avantage !
Parce que tu remplis des colonnes : AVANTAGES vs INCONVÉNIENTS ? Je vais faire un tableau pour toi aussi, tiens !
RIEN NE SERA PLUS JAMAIS COMME AVANT !
Je ne me sens pas capable...
Ce n'est pas une lubie. je n'en ai pas ENVIE, j'en ai besoin. C'est une personne dont l'absence pèse un peu plus chaque jour.
Un gosse, c'est un fardeau ! T'en connais des couples heureux, avec gosses ? Regarde le monde dans lequel on vit ? Tu veux lui offrir ça ?
Ce n'est pas un caprice de fille privée de jouer à la poupée.
Quand les hommes ne regardent que leur nombril... c'est qu'ils n'ont plus d'amour à donner.
Ce bébé était dans mon esprit bien avant que je te rencontre !
Tu n'as rien compris !
Je ne peux pas te dire ce que tu veux entendre, j'essaie juste d'être honnête.

Tirer sur la corde sensible

Je rêve ! Il est touché !
Merci ! J'irai brûler un cierge !
AAAAAAAAAAHHH
AAAAAAAAAAHHHHHH
AAAAAAAAAAAH
Ce n'est rien, n'aie pas peur. Ils ne sont pas tous comme ça ! Nous sommes calmes et posés, alors notre enfant le sera aussi. Ne fais pas attention, quand ils sont bruyants, on ne voit qu'eux. Les enfants sages ne se font pas remarquer, puisqu'ils sont sages !
ESPÈCE DE NULLE ! AUCUN RESPECT ! 4 ANS QUE J'ESSAIE DE LE CONVAINCRE !!!
EN 5 MINUTES, TU AS TOUT TOUT GÂCHÉ !!!
Viens, on descend ! C'est l'enfer ici !

Ne jamais baisser les bras...

Allez, on la prend. Depuis 6 mois qu'on en cherche une ! Cette maison a 4 chambres, notre appartement est trop petit.
Mais oui, on en fera un ! Ça va avec la maison, les gosses, non ? Par contre, on ne remplira pas toutes les chambres.

Tu es contente que j'accepte de faire un gosse ? Ça m'a pris 3 ans pour me faire à cette idée, mais... j'y suis arrivé !
Je suis la femme la plus comblée du monde, mon amour ! Heureusement que je n'ai pas mis 3 ans à répondre à ta demande en mariage !

Et le piège se referme

Rappelle-moi pourquoi j'ai accepté de faire un enfant, déjà ?
Pour gagner une demi-part sur les impôts !

Alors, tu es tombé dans le traquenard, toi aussi ?
Ça fait cher payé pour un plan cul à temps complet !
C'est elles qui ont les nichons, elles ont le pouvoir !

Chez mon psy, ma copine

ON VA AVOIR UN BÉBÉ !
Wouahou ! Je vais enfin devenir marraine !
Il faut que tu fasses une fille ! Oh oui ! Une fille, pas un boutonneux aux cheveux gras !
Je lui donnerai goût à l'art, elle détestera les maths, comme moi !
Je m'en occuperai bien ! Tu verras ! On va avoir un bébé !
Je l'emmènerai en voyage, Elle sera globe-trotteur ! Elle aimera le muscat de Rivesaltes !
Merci ! Merci ! Merci ! Je n'aurai pas besoin d'accoucher !
? ? ?
Il faut dire que, normalement, on ne devrait pas patienter ! Niveau sexe franchement, on est loin d'être mauvais… Au pire, il nous faudra 3 mois après l'arrêt de la pilule. Tu te rends compte, il y en a qui mettent des années ! Ils y pensent du matin au soir… Ils en parlent du matin au soir… Nous, on ne se prend pas la tête ! Il ne faut pas être obsédé ! La vie ne sert pas à servir et à s'asservir à ses gosses. Moi, je dis : IL FAUT LAISSER FAIRE LA NATURE !!!
Oui, oui !

Déceler la fibre paternelle

LE NOURRIR.
LA NOURRIR.
LUI ENSEIGNER LA PROPRETÉ.
L'AIDER À ÊTRE PROPRE.
Allez Mamie, on va vider la sonde !
LE FAIRE DORMIR.
LA FAIRE DORMIR.

Top départ des cycles : 1, 2, 3... mois ratés...

Allô ! Je suis en retard de 4 jours, je peux venir faire une prise de sang ?
Cycle 1
Gné ?
Cycle 2
Cycle 3
Cycle 4
Heu, j'ai appelé il y a 5 min... On peut annuler le rendez-vous ? C'est ça oui, j'ai mes règles !
Cycle 5
DEPART
F.C
PRISE DE SANG H.C.G
ARRIVEE
Cycle 6
Cycle 7
Cycle 8
Presque !

Le clan des essayeuses !

Dieu des bébés,
Je sais que tu as beaucoup de travail, que je n'ai pas été très sage cette année... Mais je voudrais de tout mon cœur un petit bébé ! S'il te plaît, s'il te plaît, s'il te plaît !
?

Une lectrice vous a écrit :
Est-ce que toi aussi, tu vérifies si tes nichons grossissent, s'ils tiraillent au point de sentir ce 1er des symptômes de grossesse à chaque cycle ?
Tout le temps !
DÉBUTANTE
Tu ne comptes plus en "mois" mais en "cycles". Tu remplaces les jours par des "D.P.O." Tu rêves que tu posteras toi aussi sur un fofo, ton gros bidou rond !
INTERMÉDIAIRE
Tu ne supportes plus la phrase :
"Patience, si tu n'y penses plus, ça viendra tout seul !"
EXPÉRIMENTÉE

Votre C.V. d'essayeuse !

Mamancâlin
essai BB !
C 129

EXPÉRIENCES

- C 1 : néant
- C 2 : néant
- C 3 : néant
- C 4 : tente le poirier
- C 5 : néant
- C 6 : néant
- C 7 : œuf clair
- C 10 : dudu + clomid
- C 22 : G.E.U.
- C 23 : R.D.C.
- C 24 : cycle à blanc
- C 78 : F.C.
- C 80 : F.C. 2
- C 127 : Début I.A.
- C 128 : R.D.V. plombier
- C 129 : dossier adoption
- ...

FORMATIONS

Doctissimo
Maman & co
Au Féminin
Les Maternelles

LANGUES

- Anglais menstruel courant
- Le guizou-guizou-guizou
- The International Language Forums

Votre C.V. traduit !

C3 j2 = 2e jour du 3e cycle menstruel d'essai bébé. Le J1 du cycle est le 1er jour des règles.
gygy = gynécologue
G.E.U. = grossesse extra-utérine
F.C. = fausse couche
R.D.C. = retour de couche
pds = prise de sang
dpo = nombre de jours depuis l'ovulation
dudu = duphaston (médicament)
clomid = clomid (médicament)
I.A. = insémination artificielle
œuf clair = sac embryonnaire vide
H.C.G. = hormone sécrétée quand l'embryon se fixe dans l'utérus

Rendez-vous aux toilettes

2 jours ! 2 jours d'avance !
Ô rage ! Ô désespoir ! Ô ménopause ennemie ! Adieu mon cycle 9, espérance envolée. Œuvre de tant de jours en un pipi effacée !
Pourquoi la nature... le monde... l'univers... sont contre moi ! On remet le compteur à 0 pour 28 jours. Patience, gnagnagna...
Je veux mourir ! C'est trop long d'attendre ! Je parle 3 langues, je sais cuisiner, coudre un bouton, faire les niveaux de la voiture, mais je ne sais pas... donner la vie.
Cycle 9 = NÉANT :
Les Anglais ont débarqué.

Le harcèlement moral

A / Avec le frérot
Tu sais quoi, tu vas être tata ! Ma copine est enceinte de 1 mois, tu imagines ! Et toi ? Avec ton homme... Vous faites un petit quand ?
B / Avec la belle-mère
Ah là là ! Ma fille attend son 3e ! Faut dire que les 2 premiers sont magnifiques, et ils sont sages, et ils savent se tenir ! À propos, mon fils est le dernier homme de la famille, c'est lui qui transmettra le nom... Vous nous donnez un petit quand ?
C / Avec une copine
Au fait, Carole a accouché, une fille ! C'était un bébé surprise, tu savais pas ? Et toi... Avec ton homme, vous vous y mettez quand ?
D / Avec ma mère
Tu as vu ton frère, il va être papa ! Je n'aurais jamais cru ! J'ai toujours pensé qu'en tant qu'aînée, tu serais la première ! Avec ton homme, vous vous y mettez quand ?
Je ne veux pas de gosses ! Je hais les gosses ! Je ne veux plus entendre parler de ces gnards qui hurlent et qui bavent ! Marre des guizous-guizous cul-cul la praline ! Quand t'es célibataire chaque année à Noël, on te demande si t'as un copain et quand t'as un copain, on te demande pour quand est le mariage ! Et après le mariage, c'est les gosses... J'en aurai un quand je voudrai et ça regarde personne !
TOUJOURS PRÉSERVER SON JARDIN SECRET EN PUBLIC, QUITTE À PASSER POUR UNE RUSTRE !

Salle d'attente :
FORUM
désir d'enfant
Sophiedu94
essais bébé 3
C 4 j 12
fait le poirier
125 messages postés
Voir ma courbe de température
Osiriadu66
essais bébé 1
C 9 j 20
ovaires frais
4 messages postés
Choupimaman
essais bébé 1
C 72 j 24
2 FC
lectrice de diamant
8129 messages postés
mon blog : tendre.bidou.com
Gynécologue
magicien
voyant
UTERAMA
MAMAN CASSÉE

Message privé de Choupimaman à Osiriadu66, Sophiedu94
Quelle crâneuse !
Re :
Ouais depuis le temps qu'on attend, nous !!!
Re : re :
Aucune faveur à l'ancienneté ! Y'a plus de respect !
Ovulettre
essais bébé 1
C 1 j 20
profil : non rempli
1 message posté
IL EST POSITIF !
Pintade !
Morue !
Becasse !
Fil de discussion public :
FÉLICITATIONS !!!
Afficher les 53 messages.

Passons la vitesse supérieure

Fausse couche
dictionnaire du langage féminin de la procréation
G.E.U.
duphaston
D.P.O.
Durée de vie des ovules
clomid
courbe de température
Analyser la glaire cervicale
ovulation
stérilité
nidation
I.A.C.
phase lutéale
Anovulatoire
taux H.C.G.
F.I.V.
homéopatie
Je vais bien... Je reste calme... Je vais bien... Je reste calme et détendue...
Mesure d'urgence : R.D.V. chez le gygy. lundi 14h30, 2h d'attente.
Ça marche paaas ! Qu'est-ce qui cloche ?
Rien ! TOUT VA BIEN ! Arrêtez d'y penser, ça viendra tout seul ! Blablabla... Blocage... Blablabla... Patience... Attendre 6 mois/1 an...
GYNECO
Noël, c'est le 25 décembre, on est d'accord ! Allez dire à vos gosses que cette année, ça va peut-être se reporter au mois prochain, et encore, c'est pas sûr ! Et de SURTOUT : ne pas y penser !
On va peut-être commencer une courbe de température finalement.
GYNECO

La courbe de température : mode d'emploi

Il faut noter sa température à partir du 1er jour des règles sur un graphique, jusqu'à la fin du cycle au centième de degré près. Tous les jours au réveil, même heure,
So sexy...
So glamour...
avant même d'avoir posé un pied par terre. « Le thermomètre est ma 1re relation sociale du matin. Et cela, pour des cycles et des cycles ! » (Répéter)
Le plus important est de toujours bien placer ses accessoires à portée de main et dans l'ordre pour le matin.
1. cerveau
2. thermomètre
3. graphique
4. crayon
Le soir
Le matin
Ah ! Où est mon crayon ?
1 semaine plus tard...
C'est quoi cette sonnerie ?! C'est pas le réveil ?
Biiiip
bip
bip
06:58
C'est... mon portable, mon ange. Un nouveau message certainement... Rendors-toi, ok ?
zzz
zzz
06:58
Traduction : restons discrète, conservons le peu de dignité qu'il nous reste. Ainsi, ne dites pas :
"Mon poussin, c'est mon thermomètre qui sonne"
PS : la prise de température s'effectue par voie anale (le cul est plus précis), voilà, rendors-toi chéri !

La conception pour les nuls

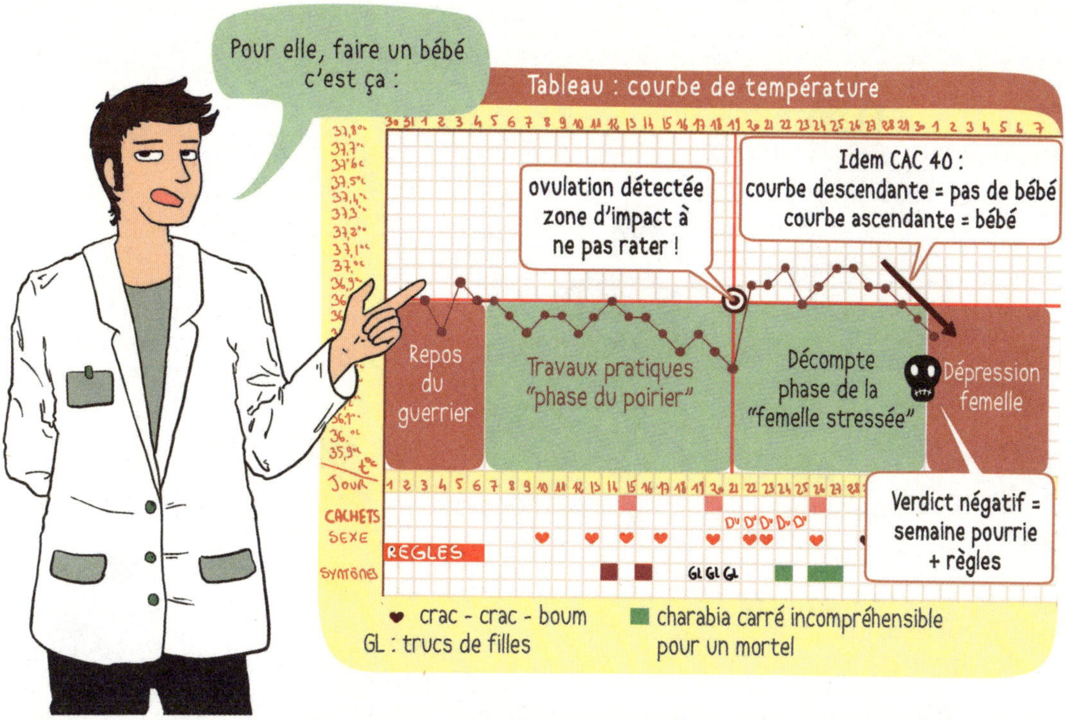

Pour elle, faire un bébé c'est ça :
Tableau : courbe de température
ovulation détectée zone d'impact à ne pas rater !
Idem CAC 40 : courbe descendante = pas de bébé courbe ascendante = bébé
Repos du guerrier
Travaux pratiques "phase du poirier"
Décompte phase de la "femelle stressée"
Dépression femelle
Verdict négatif = semaine pourrie + règles
JOUR
CACHETS
SEXE
RÈGLES
SYMTÔMES
GL GL GL
♥ crac - crac - boum
GL : trucs de filles
charabia carré incompréhensible pour un mortel

Alors que moi, je pensais bêtement à ça :
HA!!!
Ah!Ah!Ah AH!!!
oh!oh!
SLURP slurp
MIOUM
AH
Ah, hi ouiouiOUIAHH
HUMMM
houuu!!!
AAAAh!!!
HO
Ah!Ah!!!!!!
ouiOuiOui!
OUI
OHHH!!!
AH
Oh!Oh!oh!!!
Ah-Ah-Ah!!!
oui-ouiii!!
AH!

Fini l'amant, bonjour le procréateur

Journée horrible au boulot aujourd'hui ! Que des dossiers super urgents à boucler, et pour hier bien sûr !
Comme si ce n'était pas assez, j'ai eu la chieuse bien lourdingue sur le dos toute la journée !
Après ma journée et ma nuit blanche Resident Evil, comment chuis content d'avoir fini !
J'ai un mal de crâne moi ! Pas ce soir chérie, j'ai la migraine !

L'homme-objet

Qu'il est beau dans une cuisine !
Qu'il est beau quand il doute !
Heu, non !
J'en ai marre du sexe !
? ? ?
Qu'il est beau quand il réfléchit !
Depuis que tu veux un gosse, j'ai l'impression d'être un homme-objet.
Qu'il est beau quand il pense... comme une femme...
Tel est ton souhait... Je te laisse...
Seul...
Finir la vaisselle !

Test positif : que faire ?

MÉNOPAUSE
30', 20', 10'...
Par les pouvoirs des yeux lasers de Superman, petite croix rose...
APPARAIS !!!
Allez ! Bon sang ! Tu vas marcher, oui ?!
Mon Dieu, ça y est !
a
b
c
Comment l'annoncer ?
CHIPS
d
Chéri, mes seins vont devenir énormes !
ADAMS H2G2

Douce rêverie...

Ça y est, il est là.
Elles ne voient aucun changement, elles ne se doutent de rien !
Est-ce que je leur dis ? Est-ce que j'attends ?
Mes seins ne me tiraillent plus, ils ont dégonflé ! Mes nichons ont disparu !!!
Z Z Z Z

Allô, Houston ? Mon utérus a un problème...

Vous avez vos analyses sanguines de béta H.C.G. ? Parce qu'on ne voit rien à l'échographie.
Quoi ? Comment ça ?
D.Syne
Vous êtes cliniquement enceinte mais pas biologiquement enceinte.
Ça veut dire quoi ?
Je... Je comprends pas, je suis enceinte ou pas ?

Il est possible que l'embryon se soit mal fixé dans l'utérus et qu'il soit parti dans les urines.
Il est possible que l'embryon se soit coincé dans une trompe et n'ait pas pu atteindre l'utérus.
Ou qu'il soit trop tôt pour que le sac embryonnaire soit visible. Vous avez votre carte Vitale ?
On ne peut jamais savoir ce qu'il va se passer pendant une grossesse. Voilà votre ordonnance.
Revenez quand vous aurez les résultats des 2 nouvelles prises de sang.
C'est tout ?
Oui, au revoir.
Alors ?
Je dois faire 2 prises de sang à 2 jours d'intervalle. Si le taux de H.C.G. double, c'est que la grossesse est lancée, s'il ne double pas...

Il n'y a rien...
dans votre utérus.
BATTLESTAR
LABORATOIRE D'ANALYSES
Mme 2 80 04 66 137 119 26, vous pouvez venir !

Béta HCG, mon amie...

Vos résultats seront prêts demain.
TESTS DE GROSSESSE
Pyrénées

Prises de sang à la chaîne

Vous pouvez m'aider à comprendre les résultats de mes premières analyses ?
De 88 mui à 240 mui, le taux a doublé, donc, pourquoi vous inquiétez-vous ?
Mais il a doublé en une semaine, pas 2 jours !
240 mui...
2 jours plus tard...
380 mui...

Espoir/Pas espoir

... Au 25e jour de grossesse, votre taux de H.C.G. devrait être entre 2 400 et 70 000.
340 mui...
ESPOIR MÈTRE
100
0
-100
BOUBOUCALIN a écrit : "Suite à 4 fc à répétition, 1 curetage, je n'en peux plus de faire des fausses couches, ça fait 5 ans que j'attends..."
CARO245 a écrit : "Son taux continuait à grimper, et pourtant à 10 semaines son cœur a cessé de battre..."
ESPOIR MÈTRE
100
0
-100
LILIPOMPOM a écrit : "J'avais un taux très très bas et maintenant c'est un magnifique petit gars de 3 ans !"
ESPOIR MÈTRE
100
0
-100
Voilà, il suffit d'une seule ! Une seule qui dise que c'est possible ! Une petite chance encore pour que cela marche.
CHOUCHOU a écrit : "Suite à une grossesse extra-utérine (G.E.U.), j'ai été hospitalisée et on a dû retirer la trompe dans laquelle s'était coincé mon embryon."
Dame Nature, t'es une pétasse de faire des coups pareils !
100
0
-100
Alors, ça dit quoi ?
Ça dit qu'on est mal barré.
ESPOIR MÈTRE
Tu sais, il vaut mieux qu'il parte maintenant plutôt qu'il naisse avec des malformations ou un handicap.

L'attente

Je n'ai aucun moyen de savoir s'il est toujours avec moi. Sauf peut-être un autre test...
Comme une dépendance tabagique, cigarette après cigarette, chaque bouffée rose apaise,
rassure jusqu'à la prochaine... Tant que le test est positif, il vit à l'intérieur.
Pourvu qu'il m'en reste un dans le paquet !
VITE !!! UN TEST !!!

L'espérance

Vous avez vos analyses de prises de sang ?
RETOUR CASE DÉPART
Enlevez le bas et installez-vous **confortablement** dans les étriers.
Monsieur, vous ne voulez pas voir ?
Heu... Non... Merci, je vais rester derrière le rideau.
Et le taux a doublé !
Oui, mais... Il est très bas.
C'est pas grave, ça.
Attention, c'est un peu froid.
Voilà ! On le voit, c'est le sac embryonnaire !

Une semaine après la perte du symptôme des nichons...

Allô ? Je vous appelle car je suis enceinte...
Ah, ici c'est la radiologie, je vous passe l'accueil.
Allô ? Je vous appelle car je suis enceinte de 7,5 semaines et j'ai des saignements depuis 8h ce matin.
Quelle couleur ?
Marron.
Vous pouvez venir tout de suite ?
C'est-à-dire que je suis au travail. Je ne peux venir que pendant ma pause déjeuner.
Parfois, les petits saignements marron sont dus à un vaisseau sanguin qui éclate, ce n'est rien de grave.
Par contre, si cela devient rouge et abondant, s'ils perdurent au-delà de 3 jours, consultez vite votre gynécologue.
SAGE-FEMME
Attention, c'est un peu froid.
Vous êtes sûre que vous êtes enceinte ? Y'a rien là.

Le verdict

WC
Inspection tous les quarts d'heure.
C'est rouge. Cela ne s'arrêtera pas dans 3 jours. C'est fini. Il n'y aura pas de bébé.
Je le savais. Dans le test de grossesse pas assez rose. Dans les analyses de cette hormone pas assez élevée. Dans le magasin pour bébé où je n'ai rien ressenti. Dans tous les forums que j'ai lus, et pourtant. Après 2 mois durant lesquels j'ai passé chaque minute angoissée, je me retrouve dans les toilettes de mon bureau. Et c'est fini.
Ah ! Tu es là ! On te cherchait pour prendre le café !
Et c'est ainsi que je suis partie boire un café… En racontant des blagues pourries au boulot… Comme si de rien n'était !

Le deuil invisible

Je me sens vide.
Je me sens flotter.

L'actualité m'indiffère.
Je me fous du buzz du moment,
des exploits sportifs internationaux,
du nouveau chien de tata Simone,
de ce que je préfère manger à midi,
du dernier film qui vient de sortir...

Le quota minimum de conversation sociale
et ses banalités quotidiennes sont un fardeau.

Je ne sais pas où je suis,
je ne sais pas ce que je fous.

Le suivi médical d'une fausse couche

AH !
Ah !
Ah !
Ah !
Ah ! Ah !
Ah !
HI !
Hi !
Hiii !
Hi !
Hi !
Hiii !
Hiii !
Hi !
OH ! OH
Oh !
Oh !!!
Oh !
Oh !
Oh !
Oh !
Un quoi ? Un suivi médical de fausse couche ?
Dans le système médical français ?
Je peux vous faire une ordonnance exceptionnelle pour un supplément de serviettes périodiques ?
Ah ! Je sais !
Tenez, gardez la boîte. C'est votre suivi.
Veuillez m'excuser, mais des consultations avec des femmes enceintes m'attendent. Bonne journée Utérus n° 2 80 04 66 137 119 26.

... ou le problème de rentabilité des hôpitaux publics

1 an d'essais !

Wouhou !
Ça y est, je viens officiellement de passer la barre des 1 an d'essais ! Je fais partie des 20 % de femmes hors statistiques !
Bienvenue au club ! Je suis à 4 ans.
Ne vous excitez pas les nanas, je suis à 7 ans, moi !
Ben... Heu... Tu sais... Quand ça a commencé, c'était comme vous, en fait.
Quoi !!! Tu ne m'as jamais rien dit ?!
Comment tu fais pour rester aussi calme ?
Au début, on se moquait d'attendre. Puis on a découvert une endométriose... Après, on a dû m'enlever un ovaire... Ensuite, la stimulation ovarienne... Les inséminations artificielles... Là, j'attends les résultats.
Awé, quand même !
À L'ANNIVERSAIRE DE L'ARRÊT PILULE !
MENOPAUSE

La théorie du complot

DISTRIB'
CHOCO
CHIPS
Un petit creux ? Tu aurais un heureux évènement à nous annoncer ?
C'est ça ! Frime !

Level 2 : l'insémination artificielle

Quoi ? Que j'éjacule dans une éprouvette ? !!!
Reste digne.
Vous avez un pot plus grand ?
L'AMOUR
Soyez tranquille, vous n'arriverez pas à la moitié.
MOUCH'
Oui. À partir d'1 an d'essais, un couple a le droit d'être médicalement assisté. Un peu moins glamour, moins sexy : concevoir sans préléminaires et à froid.
Pendant ce temps, du côté des filles :
Bonjour, Pour la 514e fois, je vais vous ausculter !
Ma dignité ? Quelle dignité ?
Vas-y, c'est open-bar. Ma foufoune est ton royaume !
Nous attendons le top départ depuis le :
c2 c3 c4 c5 c6 c7 c8 c9 c10 c11 c12 c13 c14
J'ovule dans 18 jours

Contrôle technique négatif

Je pensais que faire un enfant était la chose la plus naturelle du monde puisque n'importe quelle espèce se reproduit. Mais "naturelle" veut dire que c'est la nature qui décide. C'est la 3e personne du couple qui rend son verdict silencieux, introduisant ensuite tout le corps médical sous la couette. La médecine pour remplacer ces corps qui ne fonctionnent pas.
Pendant ce temps, chaque jour voit naître 200 000 enfants dans le monde. Soit 24 enfants par seconde.
Et le mien ?

Chez le mâle :
- Spécimen récalcitrant au respect du planning de conception.
- Production de spermatozoïdes bas.
- Taux de survivants en milieu propice à la fécondation insuffisant.
- Distorsion des flagelles.
- Se perdent en chemin.
Chez la femelle :
- Ovules flétris.
- Ovaires feignants.
- Rajouter de la Patafix sur la paroi utérine pour ne pas perdre l'embryon.
- Ovulation aléatoire, incompatible avec les horaires de bureau.
PLANNING DE RAPPORTS SEXUELS
lundi 23, 15h32 tapantes
Travaux pratiques le 19, 21, 23, 25 et 27
FERMÉ POUR TRAVAUX
Durée indéterminée

L'insémination artificielle vue par les mecs

Quand on a commencé, il fallait faire du sexe du 12e au 18e jour en plus des coïts normaux !
Maintenant, il faut respecter 5 jours d'abstinence pour produire du sperme frais qui sera analysé par un biologiste !
On a même un agenda de baise.
On n'est pas que des géniteurs, producteurs de sperme !
On est des êtres humains ! Bordel !
Va dire à Freud que se branler sur ordonnance, c'est pas devenir père !
Par contre, c'est excellent pour faire du porno.

PMA : procréation médicalement assistée

LUNDI
MARDI
MERCREDI
- Blocage des ovaires
- Piqûres quotidiennes
- Stimulation ovarienne
- Ponction
- Transfert des embryons
JEUDI
VENDREDI
SAMEDI
- Prise de sang négative
- Transfert...
- Négatif...
- Transfert...
DIMANCHE
- Négatif...
Un agenda de ministre...
Un abonnement à un spéculum...
De la paperasse...
Résultats prise de sang.
Dossiers Administratifs
Ordonnances pharmacie.
Des injections sous-cutanées le soir du 5e au 9e jour du cycle et un ventre plus troué que le bras d'un toximane.
Bon bah, c'est l'heure !
PLANNING DE RAPPORTS SEXUELS
Lampe torche !
J'en ai marre ! J'arrête, je ne reviens plus.

Initiation à la grossesse : la chaîne de fabrication

Concevoir un enfant est la plus merveilleuse chose du monde !

C'est le 14e jour !
GO ! GO ! GO !
Mince... La capote a craqué.
Catastrophe ! Je suis trop jeune, trop belle et trop intelligente pour tomber enceinte bêtement !
Ma vie est ruinée, ma mère va me tuer !
Et merde !
4 jours de retard...
Espérons que ce soit pour cette fois-ci !
Voilà ! L'éprouvette est à point ! Toute chaude sortie du four !
TING
Lequel prenez-vous ? On a de tout, pas de S.A.V. Signez ici.
ADOPTION

L'instinct masculin

Au fait, tu ne devrais pas avoir tes règles en ce moment ?
Ouaip.
ZOMBI mag
Mais, t'as combien de retard là ? Plus d'une semaine ? Deux, trois ?
Trois.
ZOMBI mag
Quoi !!! Tu m'as rien dit !!! T'as fait un test au moins ?
Pourquoi je suis le dernier au courant ?
Pas de tétons qui pointent. Pas envie de dormir ni de vomir. Alors pas de prise de sang tant que je n'ai pas la circonférence d'un tonneau.
Bah, tu étais constipée hier ? C'est bien un symptôme, ça ?
C'est bon ! Je te vois venir avec tes gros sabots. J'irai demain et épargne-moi la question sur les hémorroïdes.
Elle est calme.
Elle devrait être hystérique.
Pourquoi elle ne me harcèle pas de questions ?
C'est louche, elle est trop calme.
Je vais en baver, ça va être l'enfer !

Les résultats d'examens

La 1re fois, je connaissais les résultats d'avance, mes ragnagnas sont arrivés dans le trajet au retour du labo.
La 2e fois, j'ai pris rendez-vous tout bien. Le lendemain, j'ai annulé... Vous vous doutez pourquoi. C'est fourbe, ces machins-là !
La 3e fois, c'était la bonne ! Y'avait les vrais symptômes, la joie, l'excitation, l'euphorie, le taux de H.C.G. anormalement bas. Et moi qui ne savais pas...Bam ! Une fausse couche !
La 4e fois, C'est la routine. Juste la trouille de découvrir la nouvelle qui m'avait rendue euphorique la fois d'avant.
Est-ce que je l'ouvre maintenant ? Je vais lui annoncer comment ? Et si j'attendais ce soir ? De toute façon, ce n'est que le nombre abstrait d'une molécule chimique ! Juste du papier... Non, c'est "La" preuve... La 1re preuve qui rend visible ma grossesse aux yeux du monde !

55 000 mui !
Soit entre 5 ou 6 semaines
de grossesse.

Salut !
Je viens de me coller 45 minutes de métro, qu'est-ce que tu as d'important à me dire ?
BAM
Hey morbacks, j'en prends un pour fracasser l'autre ? On t'a pas appris à t'excuser, toi !!! Va chialer dans les jupons de ta mère, puceau !
De quoi tu voulais me parler ?
Je suis enceinte...

La semaine du vomi

À LA MAISON
BWE
BWEAR BWEAR
BWEAR
BWEAR BWEAR
BWEAR
BWEAR
BWEAR BWEAR
AU TRAVAIL
Z Z Z Z Z Z
Hey, tu aurais pu rester chez toi, au lieu de ramener ta gastro !
BWE
BWEAR
BWEAR

DANS LE MÉTRO
Si tu aimes ton prochain, n'ouvre pas ce paquet de choco !
CHOCO
ODEUR ODEUR
Enfoiré !
Pitié, je vais crever ! Je vomis tout. J'ai tout le temps sommeil. Et quand j'arrive à dormir, mon corps veut pisser toutes les 2h. Je peux plus me concentrer au travail, je ne tiens plus debout, je suis de mauvaise humeur,
je suis une larve humaine, monter les escaliers devient épuisant. Je suis sensible aux odeurs. Que mon corps rejette la nourriture, ça passe, mais le chocolat ! Je peux pas sans chocolat, c'est ce qui maintient l'équilibre dans le chaos.
Vous comprenez ? Dites, je peux utiliser votre corbeille à papier ?
LA GROSSESSE N'EST PAS UNE MALADIE
Je vous mets 4 boîtes !
BWEARRR
BWEARRRR
BWEARRR
PHARMA
Ras le c**, il m'a prescrit des suppos !

Annoncer sa grossesse à la famille

Allez, vas-y, c'est le moment de lâcher la bombe !
Annonce-leur, ils sont tous là ! C'est le moment rêvé.
Allez, c'est le dessert go-go-go !
Punaise, il manque quelque chose pour faire l'annonce, mais quoi, bon sang ?! Je n'arrive pas à trouver quoi !
Arf... Oui !
Le futur papa !
J'en peux plus de garder le secret jusqu'aux 3 mois ! On appelle nos parents ?
Nan, nan et nan !
Steuplé, mon amour, on leur dit ?
Bon, tu lâches ta console, là ?
Nan, nan et nan !

Ici ? Rien de nouveau... Ah, pareil. Il pleut. La routine de l'hiver quoi ! Papa va bien ? Et à part ça ? Bah rien. Non rien de nouveau, non...
Môman !!! Je suis enceinte !!! Ça fait des siècles que j'attendais ! Tu peux pas imaginer !!! Je vais exploser, craquer, hurler à t'en faire péter les oreilles ! Je vais mourir de garder ce silence !
J'ai tant de choses à te raconter ! Môman, allez, devine, devine, devine !
Alors, quand est-ce que vous faites un petit avec ton homme ?
Oh, mais tu me prends de court, tu sais, on n'est pas pressés !
Ah, mais vous y pensez quand même, c'est déjà ça ! Remarque, vous avez raison d'attendre, vous n'êtes pas encore assez matures !

Ma mère ou la tienne ?
Tu ne veux pas attendre encore un peu ?
Tu rigoles, je suis à 3 mois de grossesse.
Commence.
Tu as la trouille ?
Non, mais vas-y toi !
Allô papa ?
J'attends un bébé !
Ah, c'est bien... Écoute... Je suis épuisé, je vais me coucher. Tu m'appelles quand il arrive, on a... le temps, non ? Je te passe ta mère, elle râle.
Il était temps ma fille ! On a failli désespérer !
JE LE SAVAIS ! NE ME DIS RIEN. JE SAIS TOUT. MON FILS !
ELLE EST ENCEINTE !
Ma voyante me l'a dit !
Ça fait 5 ans que je lui demande !
Ah tu vois, je sais tout ! Même le sexe !
Ce sera une fille !
À toi, c'est nul au téléphone.
Je vais appeler mes sœurs pour me roder, ma mère en dernier.
Et tu l'as voulu ?

Clichés !

Niveau
2
CARESSE
Oh, mon Dieu ! Regarde-moi cette voiture ! Une robe rouge magnifique, élégante et racée, option freinage céramique, un bon gros V6, 280 chevaux, une cylindrée de 3,7 l, le 100km/h en 5,5 secondes ! Et le ron ron félin !!!

Oh mon Dieu ! Regarde-moi cette poussette ! Sportive, légère, capote imperméable ! Harnais de sécurité à 5 points, chassis en aluminium, jantes effet métal 4 positions d'inclinaison, poignées ergonomiques en mousse, pliage en 5 secondes !!!

Publicité mensongère ; garder le sens de l'humour

"La grossesse ! Cet état d'extase par lequel chaque femme est touchée par la grâce !"
NANA
"Son bonheur se lit sur son visage."
"Ne trouvez-vous pas que les femmes enceintes sont ra-dieu-ses ?"
9 mois
"Elles sont toutes SU-BLI-MES !"
"Il n'y a pas de plus belle femme, qu'une femme qui attend un enfant."
ANTI-CERNES
ANTI-VERGETURE
ANTI-PUCES
Bonjour, du paracétamol et de l'anti-cernes s'il vous plaît.
Ce n'est pas une pharmacie ici, c'est un bureau de presse, Madame.
Tu me trouves jolie ?
Je file, j'ai du poulet au four !

Dis, tu crois qu'il va tenir juqu'au bout ?
Tu crois que ce sera une fille ?
Tu as pensé à un prénom ? Tu aimes quoi comme prénom ?
Je ne sais pas si je pourrais supporter s'il naissait avec un handicap ?
Baptiste
Solal
Landry
Amélie
Abel
Victor
Oscar
Margot
Sybile
Armand
Cassandre
Elise
Julie
Gabriel
Kara
Eliès
Camille
Béryl
Johan
Esteban
Elie
Evan
Ta chérie :
Je te vois, je sais que tu es connecté, tu pourrais répondre quand même !
Envoyé il y a 25 sec'
BOUM

Doutes et angoisses

J'ai mal sous la hanche.
Va voir le médecin.
Et si j'ai rien ?
Ben, ne va pas voir le médecin...
Oui, mais si c'est grave et qu'il faut se dépêcher...
Pour repérer ce que c'est à temps ?
Va chez le médecin.
Oui, mais si j'ai rien, j'aurai l'air con !
Ah ça !

L'homme pendant la grossesse

L' homme !

Indispensable à la procréation. Humm... Non.
Indispensable à l'éducation de l'enfant dès la naissance ?
Là, j'ai bon, je suis bien corporate-paritaire ?

Tandis que tous connaîssent le rôle de la femme pendant la grossesse, quel est celui de l'homme ? Comment trouve-t-il sa place de père ? Que vit-il pendant 9 mois ?

Que de questions sans réponses car les hommes sont si mystérieux. Il n'y a pas de rubrique **"l'homme et sa famille"** dans *Auto/moto* et *Canard PC*.

Toutefois, après enquête, on peut affirmer sans se tromper que quelque chose reste immuable, qu'une pensée les unit tous... Mais laquelle ? Investigation.

Que fait-il ?
Pendant la grossesse, l'homme porte les trucs lourds.

À quoi pense-t-il ?
Con de chat !
Il nettoie la litière quand tu n'es pas immunisée contre la toxoplasmose. Des fois qu'il te prendrait l'envie d'en manger à la place des fraises !

À quoi sert-il ?
Allez, donne !
Non, j'peux l'faire toute seule !
Il ouvre des bocaux.

Quel est son cheminement spirituel ?
C'est vraiment des questions stupides de magazines féminins...
Il passe l'aspirateur.

Ouf, on pourra faire la levrette jusqu'à l'accouchement.
Splotch
Splotch
Ah ! Voilà, nous y sommes !

Sentir bouger bébé la première fois

J'ai lu que pour sentir bouger son enfant dans son ventre :

_ Il faut se détendre dans une position confortable,
_ Inspirer et expirer lentement.

Je fais ça quasi quotidiennement depuis 2,5 mois de grossesse...

Je crois que je l'ai senti ! Mon Dieu, j'ai senti mon bébé !

Il paraît que c'est comme :

"Des battements d'ailes de papillon dans le ventre."

"Des bulles de savon qui éclatent avec tendresse."

Prout

... ou des flatulences !

Ma concentration est à son maximum. Mon poussin, si tu m'entends, fais poc - poc 2 coups.
Mon têtard, si tu ne bouges pas d'ici 1 minute, je vais péter une durite et avoir des palpitations, alors fais quelque chose, bordel !
Nan, je suis calme.
Il y a quelque chose qui cloche ?
Et si le liquide amniotique avait tourné ?
Et si jamais son cordon s'est enroulé autour de son cou ?
Il faut que j'aille aux urgences, on ne sait jamais !
Il faut que j'achète plein d'appareils débiles pour me rassurer.
MON DIEU, SON CŒUR S'EST ARRÊTÉ DE BATTRE !!!
MOIS 1
MOIS 2
MOIS 3
MOIS 4
MOIS 5
MOIS 6
MOIS 7
MOIS 8
MOIS 9
EFFETS →
RDV gynéco
ZEN 4 J/MOIS
échographie
TRANQUILLE 5 J/MOIS
RDV gynéco
SEREINE 4 J/MOIS
échographie
CALME 5 J/M
RDV gynéco
DÉTENDUE 4 J/MOIS
échographie
APAISÉE 5 J/MOIS
RDV gynéco
RASSURÉE 4 J/MOIS
RDV gynéco
ZEN 4 J/MOIS
ZONE INSTABLE OÙ LA RÉASSURANCE DU RDV MEDICAL S'ESTOMPE
ANGOISSE
FAUSSE COUCHE
MALFORMATIONS
HANDICAP
ZONE DE STRESS TOTAL
ABSENCE DE MOUVEMENTS
INQUIÉTUDE
PEURS
RYTHME CARDIAQUE
MORT IN UTERO !
Voilà le secret de l'analyse psychologique et comportementale de l'angoisse chez la femme enceinte.

Chez Mamie

Tu sais Mamie, j'ai souvent peur de le perdre.
Je fais des cauchemars ensanglantés régulièrement.
Parfois, je me dis que si ça n'allait pas, je ne le sentirais pas.
Chaque mois, chaque peur qui s'en va laisse sa place à une nouvelle. Ces peurs que je trouve ridicules chez les autres, je les ai toutes.
Dire qu'à mon époque, on priait pour qu'ils ne tiennent pas, tu imagines sans pilule ?! On ne voulait pas avoir de gosses trop tôt !
Est-ce qu'il a chaud ? Est-ce qu'il a bien dormi ? Est-ce qu'il a boutonné son manteau ? A-t-il bien mangé ? Pourquoi a-t-il mis de la vodka dans le calice du curé ?

Tu t'inquiètes enceinte et tu t'inquiéteras toujours.
Il est impossible de tout savoir, de tout contrôler.
Tu vois, tu es au plus près de lui et tu ne peux rien.
Souvent, on voit bien plus clair de loin.
Tu as faim ? Tu veux une brioche ?
Non Mamie, tu sais que j'ai bientôt 30 ans.

Si si, mange !
Le bébé en veut une.

La première échographie

Nous allons voir ce bébé. Donnez-moi votre dossier médical et installez-vous.
voilà, ça y est !
On va écouter le cœur.
153bpm
Vroutch vroutch Vroutch Vroutch

Allô ? Vous me suivez ? Mademoiselle ? Vous êtes là ? Vous voulez connaître le sexe de votre enfant ?
Regardez bien par là, vous pourriez deviner ?
Ça y est maman, papa est entré dans la matrice !
C'est un garçon !

La théorie du caillou... ou de l'attachement

Vas-y, pose ta question de fille !
Tu crois que tu vas l'aimer ? T'attacher à lui ?
Ça t'arrive de nous imaginer à 3 ?
Je sais pas, je ne me projette pas. J'imagine pas des trucs.
Mais tu sais...
Si tu ramasses un caillou, et que tu le mets 3 semaines dans ta poche, tu vas l'aimer.
Tu auras même les boules si tu le perds ! Tu vas peut-être le garder chez toi sur une étagère et faire la poussière autour.
Et pourtant c'est qu'un caillou. Mais c'est ton caillou.

Bébé bouge

Le soir, quand on s'allonge sur le dos, le ventre s'aplatit, et apparaît une bosse.
On se détend. Au calme, les muscles sont décontractés et le mouvement de la respiration berce doucement le fœtus. Et, parfois, la poche se déplace...
POC
POC
POC
position du nombril
1
2
3
Il paraît même que, comme aimanté, le bébé peut venir se coller sous la paume de la main, parce qu'il sent la chaleur du contact.

La grossesse et le travail

ATTESTATION DE GROSSESSE
Comment avez-vous pu me faire un enfant dans le dos ? Vous n'avez pas demandé l'autorisation aux ressources humaines ?
Vous n'êtes plus en mesure de travailler sur le dossier "Gros Clients". Vous serez moins disponible, votre implication ne sera pas TOTALE, vous serez fatiguée, souvent malade, absente pour les rendez-vous médicaux, moins réactive, moins rapide, inattentive, écervelée, épuisée ...
Avoir un enfant est un moment unique dont vous devriez profiter pleinement...
ATTESTATION DE GROSSESSE
Vous pouvez réduire le préavis de 3 mois à 1 seul mois ?
Oui, pourquoi ?
Je commence chez Gros Concurrent, j'étais sûre que vous me vireriez !

La grossesse n'est pas une maladie...

Ça va ?
Qu'est-ce que tu fais avec ma bassine à vomi ?
J'ai le dos coincé, j'ai pris un cachet, ça me fait somnoler et puis j'ai des vertiges, des bouffées de chaleur, même que je sue comme un bœuf, j'ai des nausées, dès que je bois une gorgée, je vomis. J'ai même des démangeaisons, j'ai tous les effets secondaires du médicament, je suis sur le point de mourir, tu peux me préparer un steak ?
Félicitations ! Tu es enceinte !
Tu as des hémorroïdes ? Non. De l'aérophagie ? Non. Des remontées de bile ? Non.
Alors laisse ma bassine et debout, tafiole !

L'existence

Quelle chambre ?
ONCOLOGIE
J'arrive.
125

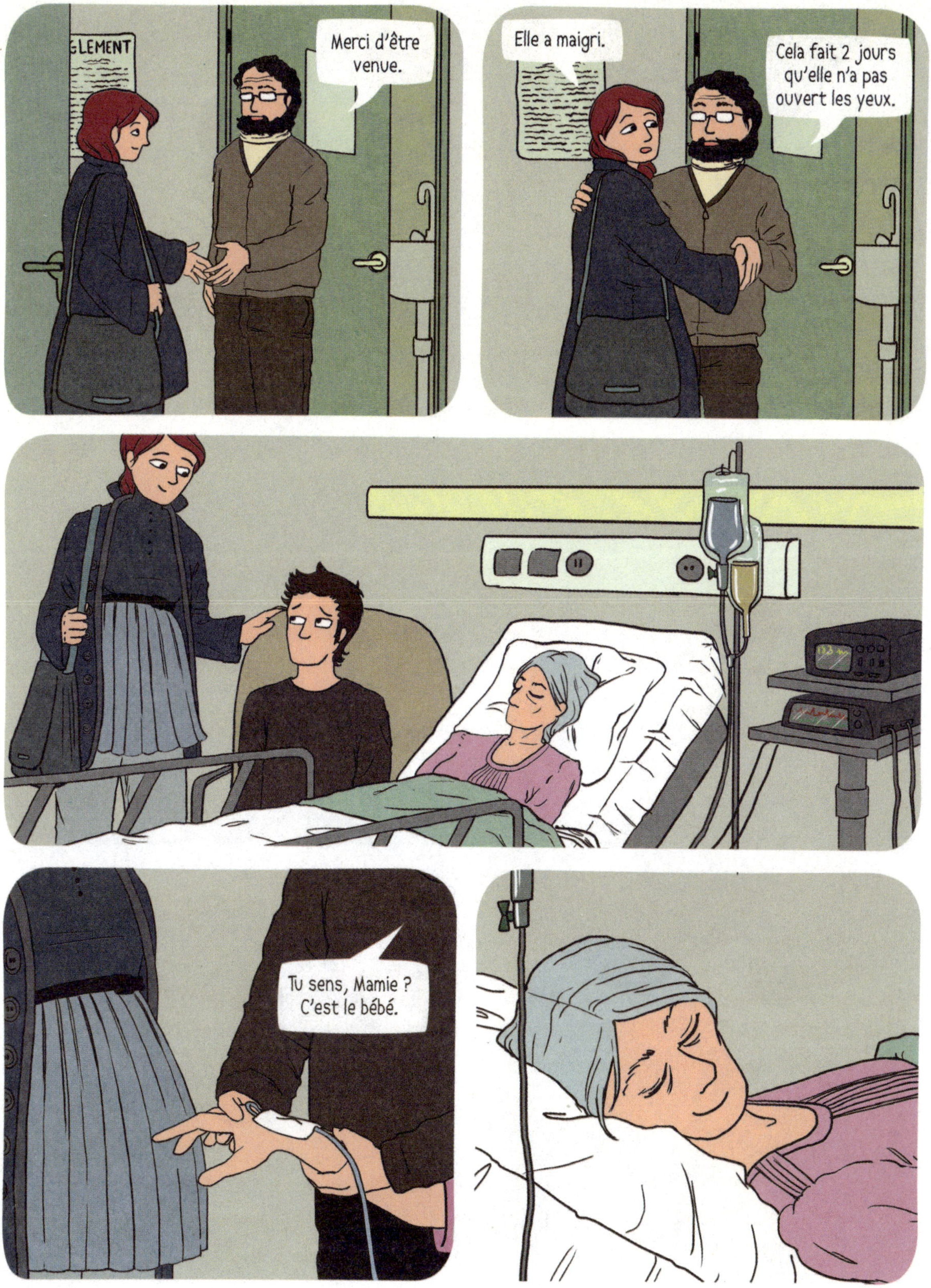
GLEMENT
Merci d'être venue.
Elle a maigri.
Cela fait 2 jours qu'elle n'a pas ouvert les yeux.
Tu sens, Mamie ? C'est le bébé.

L'esprit d'un père

Être le petit-fils de plus personne.
Être le père de quelqu'un qui n'existe pas encore.
Offrir sa jeunesse à l'inconnu et renoncer pour toujours à la sienne. Quitter le clan des jeunes, pour rejoindre celui des adultes, des responsables.
Faire le deuil de sa vie d'avant, de l'insouciance, de la liberté.

Peur de devenir père

Reverrai-je la fille que j'ai connue derrière ce ventre ?
C'est déjà une maman prisonnière dans ce corps.
Y aura-t-il encore de la place pour moi lorsqu'elle le tiendra dans ses bras ?
Je ne veux pas renoncer à la vie d'avant...
Korn

Communiquer

Ça te dit un peu de bonne musique ? Il paraît qu'ils sont sensibles aux sons dans le ventre. Il aura de bonnes bases classiques et ne subira pas la daube de la radio.
Deftones, Korn, Jeff Buckley, Pearl Jam... Il faut savoir que l'oreille perçoit le mieux toutes les nuances du spectre musical entre 80 et 100 décibels.
Oui, oui.
On peut aussi l'éduquer à la musique in utero. Ça serait trop cool s'il faisait du headbanging sur Soulfly en naissant ou qu'il ait Rammstein pour berceuse !
Push back the square
Now that you need
So there you go
Cause back in school
We are the leaders of it all
Stop that quit!
TU ES MA-LA-DE ?! TU VEUX ME TUER ?!
Ça va pas de mettre le volume à fond !
Que cette bande de malades métalleux fassent leur headbanging sur du parpaing, ça va les calmer !
Tu sens bien l'étendue du spectre de ma voix, là ?!
Je sais pas quoi lui dire, moi ! Parler à un ventre, c'est comme si je parlais à mon pied.

Les premiers achats

Regarde c'est Winnie !
Gniiiii
Oh oui ! Je collectionne tout Bisney ! Je le veux, je le veux, je le veux !
Hiiiii
Hi Hi Hi Hi Hi
Jamais, jamais, jamais !
Bisney
Merci la lobotomie, dès qu'il ouvre les yeux, le logo s'imprime dans son cerveau. Il ne sait même pas lire, le pauvre nourrisson !
Wouah ! Ils font des babyphones vidéos à écran tactile, 100 m de portée en mode vidéo, 300 m en mode audio - ultra sûr, il possède 3 alarmes : visuelle, sonore et vidéo !
Tu as raison, habituons-le à la vidéo-surveillance dès la naisssance !
Fais coucou à papa !
caca
sommeil
nourriture
bonheur
Avec PlugMyBébé,
Connectez votre ordinateur ou votre téléphone directement dans l'anus de votre enfant.
Téléchargez l'application "caca" pour lire en temps réel son niveau de remplissage. Pour 0.50 € "caca +" vous envoie un SMS d'alerte !
Avec PlugMyBébé, accessoirisez votre bébé et abonnez-vous aux dernières tendances !
Quelques mois plus tard...
Oups, je suis à découvert !
I'M A BITCH
Je suis un cintre.
string

Le prénom

Regarde ce que ta mère a osé m'envoyer !
Pour vous aider
① Bernard comme mon père !
② Aristote pour un lien intellectuel
③ Charles à composer de préférence
Appelez-moi pour les conseils
Belle maman
Elle envoie un dico des prénoms annoté de ses choix !
Elle pense choisir le prénom de MON bébé à MA place !!!
Oui, oui, je sais… Elle t'a aussi envoyé : "Être une bonne mère, comment bien éduquer mon enfant."
QUOI !!!
Elle a envoyé quoi ?!
Oups, je suis en retard. Je file !

LES LOOKS

LA SEXY-MUM

CINDY, 24 ans mannequin. Grâce aux 300g qu'elle a pris en 9 mois, elle peut enfin porter du 36. Ayant un tantinet mal aux pieds, elle a dû renoncer à ses talons de 22 cm pour du 18 cm. Sa peau sublime est dotée d'une élasticité naturelle, elle n'utilise aucune crème.

LA POUF-MUM

JEN-LO est "passionnée" de mode, toujours à l'affût des tendances, elle ne sort jamais sans son bijou d'anus. En bon mouton, elle copie les tenues des magazines. Cette année, le nouveau-né est un accessoire prisé, il se porte en bandoulière ou sur le ventre, assorti d'un sac à main big size.

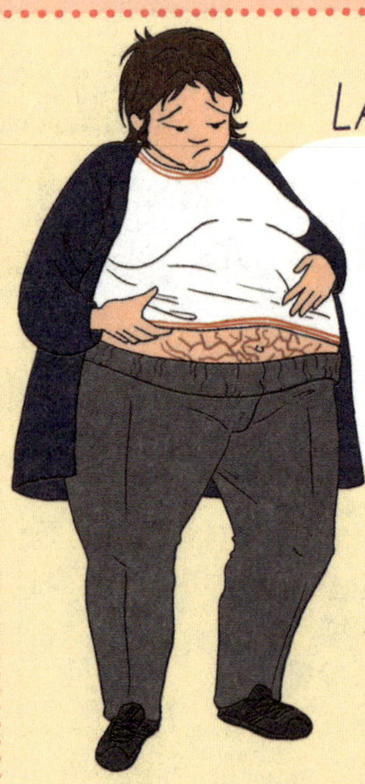

LA CACHALOT-MUM

Après la célèbre marque pour enfant, voici "Grand paquebot" pour les mamans. **LILIANE**, 107 kg cumulés de 5,2 grossesses, a consommé son poids en anti-vergetures et drainages actifs. Elle en a ras-le-bol de traîner sa couenne et rêve en secret de ressembler à Cindy, la "sexy-mum" , ou de la buter, ça dépend.

LA MUM FAUCHÉE

MAKEBA, 18 ans, a refait toute sa garde-robe ! Elle s'habille toujours dans le même placard, mais ouvre la porte de gauche pour piocher dans les fringues de son "Zhom". C'est ennuyeux pour les ourlets mais pratique depuis qu'elle chausse du 43. Son astuce : elle accroche les boutons de son jean avec un élastique !

LA NUNUCHE-MUM

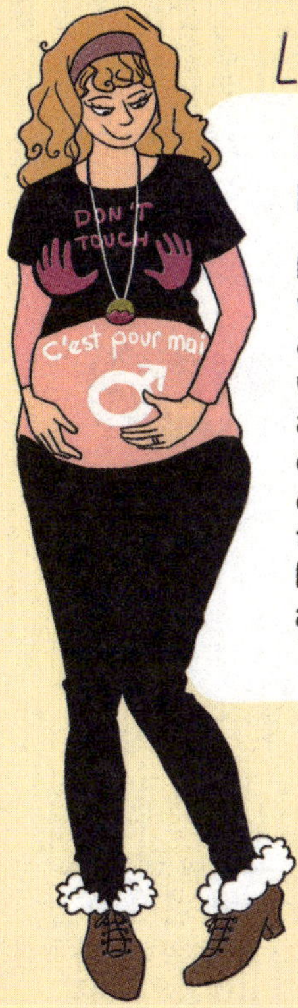
DON'T TOUCH
C'est pour moi

SHANON a le syndrome petits-seins/gros-cul, elle met en pratique tous les conseils de relooking en valorisant ses qualités comme l'a dit la télé. Ainsi, elle a opté pour un bandeau de grossesse qui attire le regard sur son ventre et cache une culotte de cheval disgracieuse. Elle collectionne tous les attape-couillons de la grossesse y compris le collier apaisant en plastique bio.

LA PINCE-CUL-MUM

CLAIRE-SOLANGE-BETTANY, 27 ans, ne veut pas faire partie de la masse. Elle se veut élitiste et ambassadrice du bon goût. Pour cela, elle a choisi une petite robe noire sobre, décontractée, mais habillée quand même. Ni trop longue ni trop courte. Ni trop ample ni trop moulante. Des chaussures ni trop hautes ni trop basses. Et donc elle ressemble à Madame tout le monde.

DE LA GROSSESSE!

LA WORKING-MUM

OLGA, 32 ans, est une working-maman. Elle croit que porter une chemise et des épaulettes lui donnent du sérieux. Pour compenser son handicap ventral, elle a abandonné son sac à main au profit d'un porte-document. Après son congé maternité, elle sera rétrogradée comme une merde et, pour se consoler, Olga essaiera de "réussir" son enfant.

LA PERFECT-MUM

Vêtue d'une tunique indémodable, sans dévoiler son corps ni coucher, **MARIE** a su saisir l'opportunité de sa carrière au bon moment et atteindre le sommet : "la trinité". Sa réussite traverse les siècles car, jamais égalée, elle est la seule femme au monde dont la grossesse fut le tremplin professionnel ! De plus, Marie a su rester discrète, elle a toujours gardé "le Secret" de la conception.

Les ennemis de la grossesse

LA NOURRITURE
Il faut manger pour 2 !
Non, il faut manger mieux !
Silence, on ne parle pas la bouche pleine !
LES VERGETURES
L'ennemi de la femme bien avant les rides !
Pour les vaincre il faut quotidiennement :
1 bain à l'huile d'amande douce allergène,
4 massages au beurre fondu (choisir le + cancérigène, + efficace !)
Se rouler dans un nappage hydratant 100 % paraben.
Ça me démange partout tellement la peau tire. Je suis un canard confit qui va exploser ! Si je bouge, j'éclate.
Et tes seins ? Tu as mis de la crème sur tes seins ?
Dans cette mission, le "soldat" ne faillira jamais ! Du 1er au dernier jour de grossesse, le mâle hydratera tes seins, il établira un graphique de croissance (date/taille) afin d'estimer le Jour de ton apogée mammaire !
L'AUTONOMIE
La contenance moyenne d'une vessie est de 150 à 500 ml, elle peut aller jusqu'à 1 litre. L'envie d'uriner survient dès 300 ml chez l'adulte. Sachant que la vessie d'une femme enceinte est comprimée et qu'un verre ordinaire équivaut à 150 ml...
Sors ! Sors ! !!!
toilettes
LE DÉPLACEMENT
Le jeune baleineau est encore fragile. Il n'a pas encore acquis les réflexes de mobilité du 3e âge nécessaire à sa survie.
Poussin, il va falloir repenser l'emplacement des meubles !
Poc
Poc
C'est pas possible, mes bras ont raccourci !
CHOCOLAT

Le colis piégé de Belle-maman

... Alors, alors ? Les hormones de grossesse ne vous jouent pas de vilains tours ? Vous avez reçu mon colis ?
Oui, à l'instant, et mes hormones vont bien merci ! Je dirai à votre fils que vous avez appelé. Au revoir !
C'est au tour de quelle vacherie aujourd'hui ?!
Mon petit lapin... s'est caché dans le jardin...
Bouhouhouhouh
Cherche-moi
Coucou coucou...
Rhâ ! Elle m'a eue la vieille peau !
Je suis caché sous un... chou !

La préparation à l'accouchement : l'essentiel en images

1 - LA SONNETTE D'URGENCE
Après avoir rempli le dossier d'admission à l'accueil du rez-de-chaussée, prenez l'ascenseur au fond du couloir, montez au 3e étage, puis à la 2e à gauche prenez la 3e à droite. Vous arrivez ici !
Voici le bouton des urgences. Appuyez 1 fois si vous avez mal. Et, si vous avez très-très mal… bien… restez pendue dessus.
2 - LA BASCULE DU BASSIN.
Tu vas te décambrer, oui ! Dans l'autre sens le bassin ! Arrête de sortir les fesses, tu me remercieras plus tard !
3 - LA RESPIRATION LENTE.
Ceci est une paille ! Elle peut effectivement servir à sniffer de la cocaïne, mais c'est pas ça ! Imaginez la traversée de la manche à la nage, au 1er rouleau si vous buvez la tasse, ça passe, au bout de 10h de travail, vous coulez.
Entraînez-vous à souffler longtemps dans cette paille, ce sera le tuba de votre accouchement. Avec la respiration lente, vous affronterez chaque vague de contractions.
4 - NE PAS OPPOSER DE RÉSISTANCE A LA DOULEUR !
Nous allons simuler la douleur des contractions durant l'accouchement. Soyez détendue car, en résistant, vos muscles se contractent et bloquent la descente de bébé.
Je vise les jambes !
5 - EXPIRER EN POUSSANT PENDANT LA CONTRACTION.
Votre visage est le miroir de votre utérus !
fig. A utérus contracté.
fig. B utérus détendu.

La préparation à l'accouchement... d'un mec !

Salut, ça va ?
Top !
Super top !
Ta nana accouche bientôt, non ?
Ouais.
Il faut que tu sois au courant de 2 ou 3 trucs importants !
Du cul, y'en a plus !
Des bières, non plus !
Fais-toi autant de restaurants que tu peux et des siestes, beaucoup de siestes !
M'en parle pas, j'irais bien dormir là...
Ça va les lourdauds, C'est pas l'apocalypse non plus !
Tu vas tomber de haut, padawan !
Contrairement à la fatigue, la forme ne se cumule pas ! Les nuits complètes qui te restent à vivre sont comptées !
Le cul aussi. Surtout, baise dès que tu peux !

La valise de maternité

D'un mec
DEAD

Tu vas apporter la chaise longue à l'hosto ?
Pendant que moi, je vais accoucher !!!
Sors vite petit ! Je veux voir ça !

D'une fille
* pour un pipi sans douleur
Bombe anesthésiante
* Aspirine
anti-cernes
* anti-fuite
Je croyais qu'il fallait des bodies et une turbulette ?
BOISSON Energétique
PATCH MAMAN ZEN
LISTE DE MATERNITÉ PARFAITE
* Une bonne culotte gaine
BOULE QUIES
* Une bouée pour s'asseoir
COURAGE CONTRACTIONS
bébé mode d'emploi
* instinct maternel
PATIENCE LIFT INTENSE

Ces manies de toucher les ventres

Bonjour ma petite, je peux toucher ?
Bas les pattes mamie ! Mon ventre n'est pas du domaine public. Même toucher une pute n'est pas gratuit.
Ok, ça va ! Vous pouvez.
Elle a touché sa jeunesse, le temps qui file et le souvenir de ses enfants.

Alerte contractions !

Psss, je crois que j'ai des contractions !
QUOI !!!
Bah, nan ! Je vois rien, là !
Pose tes mains ! t'as vu ?
Rhâââ ! Joue pas sur les mots, tu fais ch...
Tu as mal ?
Non.
Bon, compte les minutes, j'arrive pas moi.
Ok
...
...
Toutes les 5 minutes, là.
Ah, mince ! j'ai pas envie d'aller accoucher maintenant. C'est 3h du mat', j'ai sommeil, qu'est-ce qu'on fait ?
Ben, chais pas moi ! Tu as pas mal ?
Non.
Toutes les 2,30 min, là. T'es sûre que tu n'as pas mal ?
Non, j'ai pas mal. C'est bizarre, c'est vachement rapproché. Je fais quoi, on va pas y aller maintenant ? Je les appelle ?
Je sais pas moi, c'est toi qui sais.
Ben non, je sais pas justement. Ils ont dit : *"Ne vous inquiétez pas, quand ce sera le moment, vous le sentirez !"* Je ne sens rien du tout. Et ils ont dit : *"C'est sûr que si vous avez des contractions toutes les 2 min, il faut s'inquiéter !"*
Allez, allume, j'appelle.
... Voilà, donc... Heu, si vous pouviez me dire ce qu'il faut faire...
C'est normal, Madame. C'est votre utérus qui s'entraîne. Prenez un spasfon, un bain et détendez-vous. Vous sentirez les "vraies" contractions.
Z z z
Si cela n'est pas douloureux ou que vous n'avez pas perdu les eaux, vous pouvez rester chez vous. Si vous avez un doute appelez-nous, venez nous voir.
Bien, merci pour tout. Désolée de vous avoir dérangée. Bonne nuit Mme la sage-femme.

Alors ?
C'est le tour de chauffe, il ne sortira pas. Zou dodo, tu éteins ?
Il bouge beaucoup, là. Tu veux le toucher ?
Mioum... Tu es sexy !
Lève ton pull !
Tu veux pas que j'enlève mon pantalon plutôt ?
Il a fait une grande ligne droite avec sa main, je l'ai senti !
Ah mais c'est pas vrai !

La lubie des photos !

Chou, tu peux venir ?
Pour quoi faire ?
Tu viens prendre mon ventre en photo ?
Encore, t'en as déjà plein !
Allez, c'est peut-être les dernières là !
Ça y est, tu es contente ?
Vouiiiiii!!
LA DINDE DU MOIS !!!
label Rouge
Élevée en 41 sa. dodue à point, traçage mensuel, bientôt à maturité !

Alors, quand est-ce qu'il arrive ce petit ?

Est-ce que tu manges bien ? Il faut des forces pour accoucher ! Il faut manger pour 2, d'accord ?
Oui Mamie.
Ne fais pas les carreaux, il ne faut pas lever les bras, ça tire les muscles.
Oui Tatie.
Par contre, si tu veux accoucher, fais le ménage !
Tu me prends pas pour une buse, non ?
Tu as pris combien de kilos ? Moi, 8 seulement pour mes 3 enfants ! Tu fais pas un peu de rétention d'eau ? Il a une grosse tête à faire passer ? Parce que tu vas souffrir, ma pauvre !
Ben... Heu... Je sais pas... Je...
Alors, tu comptes les contractions, toutes les 10 min, toutes les 5 min et...
En effet, c'est tout de suite limpide là.
Lis des livres sur l'accouchement, cela ne peut que t'aider !
N'écoute pas ta mère, elle n'y entend rien !
Ok, explique comment tu accouches, Papa...
Le plus dégueu c'est la poussée, c'est... comme une envie de vomir... Tu vois ?
Ah oui, je vois, c'est très imagé, là !
Il est pas encore sorti ? Tu vas en faire un feignant !
N'écoute pas les docteurs, ils n'y entendent rien ! La lune tourne le 10 alors je pense que tu accoucheras là ! En plus, elle vient d'une montante, c'est encore plus sûr...
Promis, j'accouche le 10.
Surtout, n'écoute pas les livres, ils racontent que des âneries, cela va te décourager !
Au fait, tu as préparé ta valise ? Tu as pris combien de bodies ? Et les chaussettes, tu as pensé aux chaussettes ? Mets un brumisateur dans ton sac avec de la semoule déshydratée, tu auras faim. Et prends l'appareil photo. Ils ont le Wifi pour brancher la web-cam à l'hôpital ?
De ? Brancher la semoule à quoi ?
Alors, tu comptes les contractions, toutes les 10 min, toutes les 5 min, toutes les minutes et tu respires bien !
Oui Maman.
Écoute, je te le mime. Tu m'écoutes, là ?
Mais oui, je t'écoute, Maman. Je ne rate pas une miette !
Vous avez 28 conseils en attente...
Ah, nan ! Le plus dégueu, c'est la perte des eaux ! Parce que dans la foulée, tu te pisses dessus quand même !
Mais bien sûr... Désolée, je capte mal... Je passe dans un tunnel !
tut
Allô, je ne comprends pas Docteur, je suis à 2 jours du terme et il ne veut pas sortir ! Je ne sais pas quoi faire ?

Les petits désagréments de la grossesse

Ron
psss
Ron
psss
réhausseur
insomnies
Ron psss
Ron
position latérale obligatoire
aérophagie
autonomie vessie : 2h
rétention d'eau et de gras
compression de l'estomac
vergetures
Crampes
pieds en feu
pilosité accrue
bassine à **nausées** (mois 1 à 4) ou à **remontées de bile** (mois 6 à 9) le reste du temps sert pour la **gastro**.
Pfiou ! J'ai mal dormi, tu n'as pas arrêté de bouger.

Par le trou de la serrure !

J'ai 2 doigts.
Non, pas du tout, j'ai 2,5 !
GEL
Elle a le col haut.
Hum, oui et bien fermé !
GEL
GEL
Oh ! Il a beaucoup de cheveux ce bébé !

Négocier son terme

PUISQUE JE VOUS DIS QUE J'AI FAIT MOI-MÊME L'ÉCHOGRAPHIE DE DATATION : LE TERME EST PRÉVU POUR LE 10, NON PAS LE 5 !!!
LA DATE DES DERNIÈRES RÈGLES AVANT GROSSESSE EST ÉCRITE **NOIR SUR BLANC** ! L'OVULATION EST LE 14e JOUR ALORS LE TERME EST LE 5 !!! **IL FAUT LA DÉCLENCHER !**
La dame n'ovule pas le 14, elle ovule le 18 ! La conception a eu lieu le 19. VOUS N'AVIEZ QU'À SUIVRE MES DONNÉES, ELLES SONT DANS LE DOSSIER "NOIR SUR BLANC".
Administrativement, il y a 5 jours d'écart entre l'ovulation théorique et l'ovulation réelle, on ne peut pas garder votre calcul avec cet écart et vous le savez ! **Il faut déclencher la dame !!!**
?
?
YOUHOU, on est là !!! On prend le 07, Ok !
Puisqu'il faut qu'on revienne tous les jours contrôler, on fait ça après-demain. Demain j'ai un rendez-vous important, je ne veux pas accoucher. Tout le monde est d'accord ? Très bien : adjugé !

Pendant ce temps... in utero

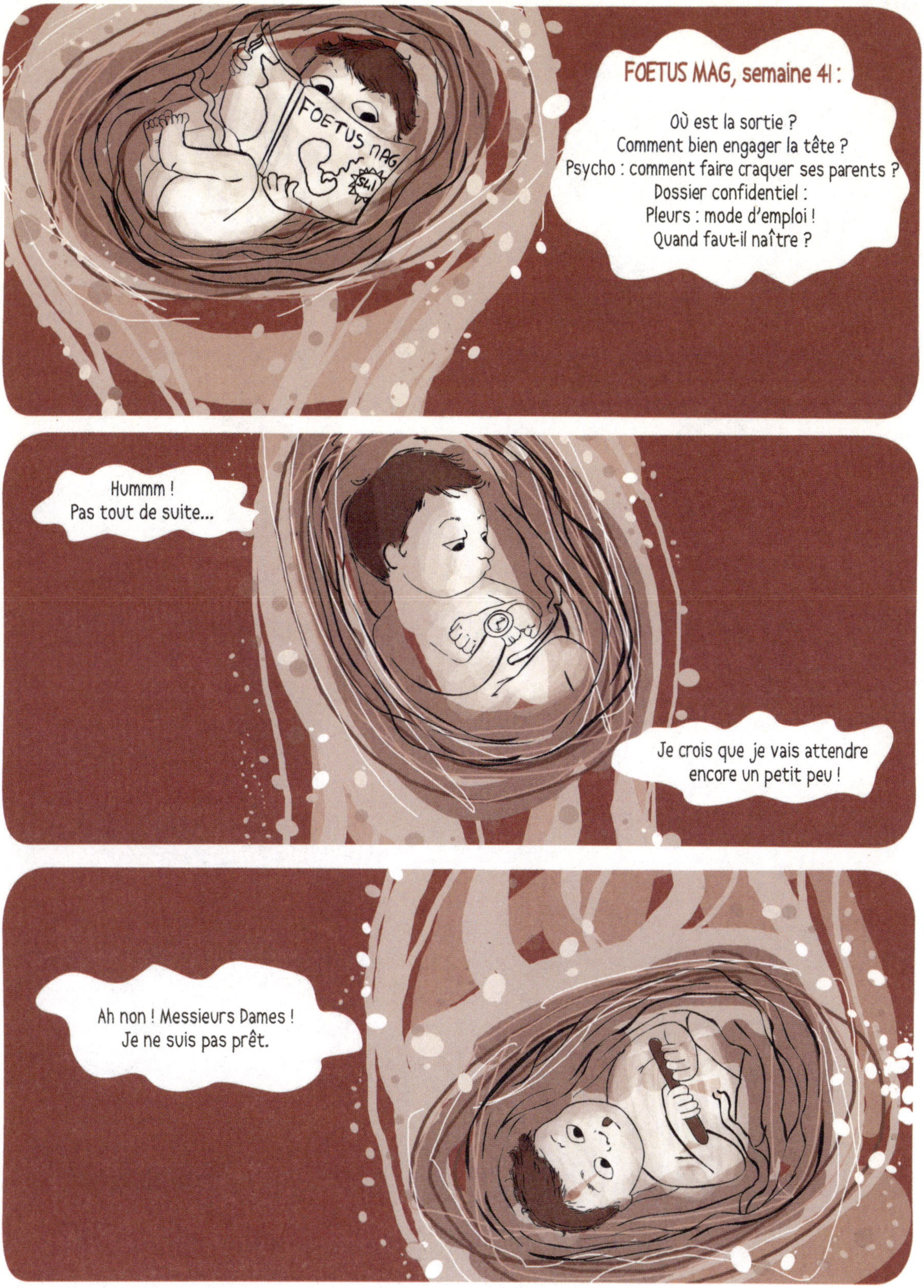
FOETUS MAG
S41
FOETUS MAG, semaine 41 :
Où est la sortie ?
Comment bien engager la tête ?
Psycho : comment faire craquer ses parents ?
Dossier confidentiel :
Pleurs : mode d'emploi !
Quand faut-il naître ?
Hummm !
Pas tout de suite...
Je crois que je vais attendre
encore un petit peu !
Ah non ! Messieurs Dames !
Je ne suis pas prêt.

Interlude : "Je te l'avais dit !"

BéBé!
Hors de question ! 20 ans d'ennuis, pour qu'il parte sans dire merci ! Non !
J'attends patiemment que mon homme soit prêt.
Chuis négatif poupette !
Ici, j'attends le résultat de mon test pour la 253 689e fois.
Là, je compte soit les DPO, soit les jours, les semaines, ça dépend...
Quand est-ce qu'il s'arrondit ce ventre !
Donc là, j'attends que ça pousse enfin !
Putaiiiin ! BORDEL ! Il va sortir oui ! Je n'en peux plus !
Et là, j'attends qu'il sorte. Mais non, il ne veut pas !
J'attends qu'il dorme !
La femme qui ne dort jamais... et qui va s'écrouler !

J'attends qu'il soit propre !
'M'en fous !
Quand j'aurai 18 ans, je ferai tout ce que je voudrai !
FUCK THE SYSTEM
Hey, là, j'attends la fin de l'âge con.
Toujours la propreté.
BLURP
CHIPS
Et l'autonomie.
Ciao, les vieux !
NTM
Le zénith de la mission d'une mère : accepter l'ingratitude !
Tu vois ! Je te l'avais dit ! T'as pas voulu m'écouter !
Oui, l'enfant choisit toujours de partir avec la morue sans un merci !

La dernière marche

J'en peux plus, on rentre !!!
Tu rigoles, je n'ai même pas clenché le portillon.
Je ne peux plus me trimballer, on reprendra le grand tour en poussette.
On fait cette promenade tous les jours depuis 1 mois, Aujourd'hui, c'est peut-être la dernière fois tous les deux. Allez passe ton bras par-dessus mon épaule je vais t'aider, on va y arriver ! Allez, allez !
C'est ça ! Ce que femme veut, Dieu le veut !

Le déclenchement

C'est aujourd'hui.
Aujourd'hui, nous serons 3.
Je ne sais même pas pourquoi j'ai dit oui au déclenchement...
Bon, où sont mes chaussettes ?
Pour un 1er enfant, la durée moyenne d'un accouchement est de 10h.
Alors tout devrait être terminé à 18h, courage !
Ça va ?
C'est calme, j'imaginais ça différemment.

J'imaginais plutôt ça :

Sur une musique de Starsky et Hutch.
Chéri, j'ai perdu les eaux !
VITEUH !
Monte !
PLUS VITE ! JE NE VEUX PAS ACCOUCHER DANS LA VOITURE !
LES CONTRACTIONS SE RAPPROCHENT ! IL VA ARRIVER D'UNE SECONDE À L'AUTRE ! ROULE, ROU
HOPITAL DES BISOUNOURS
Je voudrais un ballon, une péridurale ambulatoire, je ne veux pas d'étriers, j'aimerais que vous soyez à mon écoute. voilà mon projet de naissance.
ACCUEIL
Bien sûr ! Tous vos vœux seront exaucés.

Alors qu'en fait :

Il n'y a personne, ils nous ont oubliés ?
C'est bien ici pourtant.
YOUHOUUU !!!
IHOU !!!
Madame ?
URG
SALLE DES
◁ HURLEMENTS
◁ MATERNITÉ
Hey ! Vous vous croyez à la plage ?
Avec une chaise longue ?
Ben non, Madame ! On a rendez-vous à 8h pour accoucher !
Vous savez, les dossiers de chaises à 90° des hôpitaux ne sont pas ergonomiques pour le dos. Tous les équipements, les soins sont pour la maman ! Et les papas passent 10h dans une position inconfortable ! On les oublie, y'a rien pour eux ! Je ne parle même pas de la machine à café en panne.

Pendant ce temps, l'accouchement idéal :

Bienvenue dans votre salle d'accouchement
Hi ! I'm George Clooney. Do you want a "Péridurale ?" un massage ?
COFFRET LUXE
Vous désirez des huiles essentielles relaxantes ?
Wouw ! C'est d'la bonne !
Allez-y poussez ! Je vois la tête.

L'accouchement idéal : THE END

POC !
Il aurait pu être comme les autres, mais il est mille fois mieux.

Esteban
IL EST ARRIVÉ
49 cm 3,5 g
Ses parents sont les plus heureux !

Voilà, l'accouchement parfait vient de se terminer.

... mais il n'existe pas.

Revenons à nos moutons : le monitoring

J'en peux plus ! Je vais finir par m'asseoir par terre !!!
Tu veux une péridurale ?
Tu as vu quand je m'éloigne de toi, ses battements de cœur accélèrent, les tiens aussi, d'ailleurs.
160 20
Et quand je m'approche, ils ralentissent. J'ai un effet calmant à travers toi ! C'est dingue ! Tu fais passoire ! Tu veux un bisou ? Un câlin ?
Pff ! Ils nous ont vraiment oubliés...

Le travail

Bienvenue dans la salle d'accouchement, je vais vous injecter le produit pour le déclenchement, et vous resterez sur le lit.
Vous pouvez faire du ballon, tester le coussin, la suspension, bouger le bassin... Je vous laisse enfiler la chemise, je repasse vous voir dans quelques minutes.
C'est tes pics de contractions, ça ?
Ui !
Elle est partie, Tu veux croquer dans mon sandwich ?
Tu veux tenir ma main ?

Tu veux
essayer ça ?
Ensuite, tu passes tes bras par-dessus les sangles et je vais arranger le coussin.
Est-ce que ça va ? Je viens voir comment avance le travail, si le produit fait son effet.
C'est pas ce que vous croyez, je suis la méthode de Gasquet !
Si vous voulez bien vous allonger sur le dos pour vérifier la dilatation ?
Bon, ça n'avance pas du tout, je vous propose de percer la poche des eaux pour accélérer le travail, je vais vous donner une garniture et une serviette.
Je suis une boule à neige, il y a plein de petits points blancs dans le liquide amniotique. Je crois que j'ai fait pipi en même temps qu'elle l'a percée. Je trempe dedans, je me sens humiliée et la tête du bébé fait bouchon !
J'ai repéré où elle range les garnitures. Tiens, j'ai pris tout ce que j'ai pu.

Qu'est-ce qu'une contraction ?

TROUVER UNE POSITION CONFORTABLE.
NE PAS OPPOSER DE RÉSISTANCE À LA DOULEUR.
EXPIRER LENTEMENT ET LE PLUS LONGUEMENT POSSIBLE.
RÉCUPÉRER POUR RECOMMENCER ENCORE ET ENCORE.
Va chercher l'anesthésiste !
Hein ?
J'EN PEUX PLUS ! JE MAÎTRISE PLUS !
VA CHERCHER L'ANESTHÉSISTE !!!

2 - gériatrie
SORTEZ-LE !
DONNEZ-MOI UN COUTEAU !
JE VAIS LE FAIRE, INCAPABLES !
Je ne vais pas être disponible, je pars au bloc avec la dame qui a des complications. Il va falloir attendre, la sage-femme va donner à votre compagne de la morphine.

Bad trip in morphine

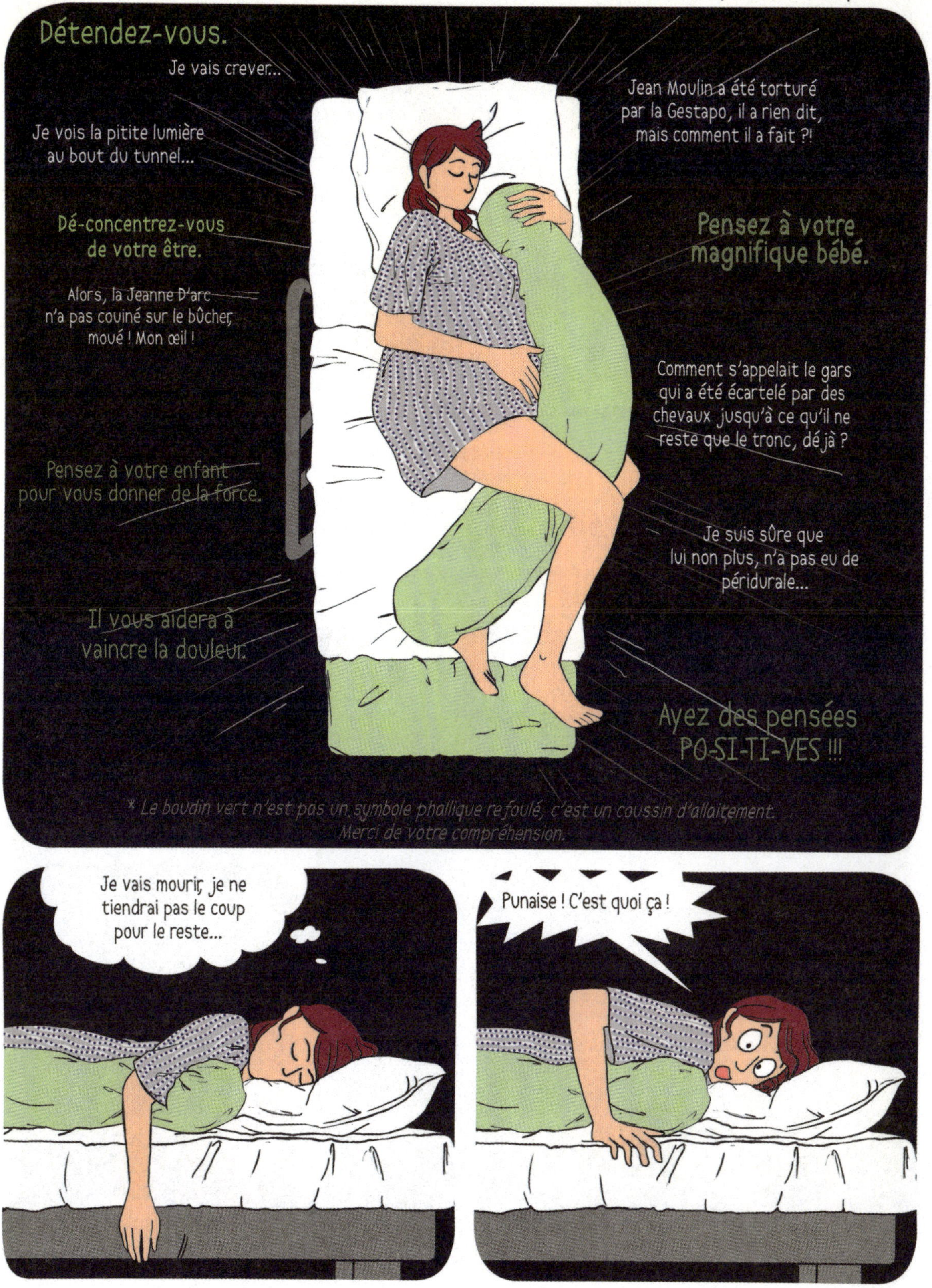
Détendez-vous.
Je vais crever...
Jean Moulin a été torturé par la Gestapo, il a rien dit, mais comment il a fait ?!
Je vois la pitite lumière au bout du tunnel...
Dé-concentrez-vous de votre être.
Pensez à votre magnifique bébé.
Alors, la Jeanne D'arc n'a pas couiné sur le bûcher, moué ! Mon œil !
Comment s'appelait le gars qui a été écartelé par des chevaux jusqu'à ce qu'il ne reste que le tronc, déjà ?
Pensez à votre enfant pour vous donner de la force.
Je suis sûre que lui non plus, n'a pas eu de péridurale...
Il vous aidera à vaincre la douleur.
Ayez des pensées PO-SI-TI-VES !!!
* Le boudin vert n'est pas un symbole phallique refoulé, c'est un coussin d'allaitement. Merci de votre compréhension.
Je vais mourir, je ne tiendrai pas le coup pour le reste...
Punaise ! C'est quoi ça !

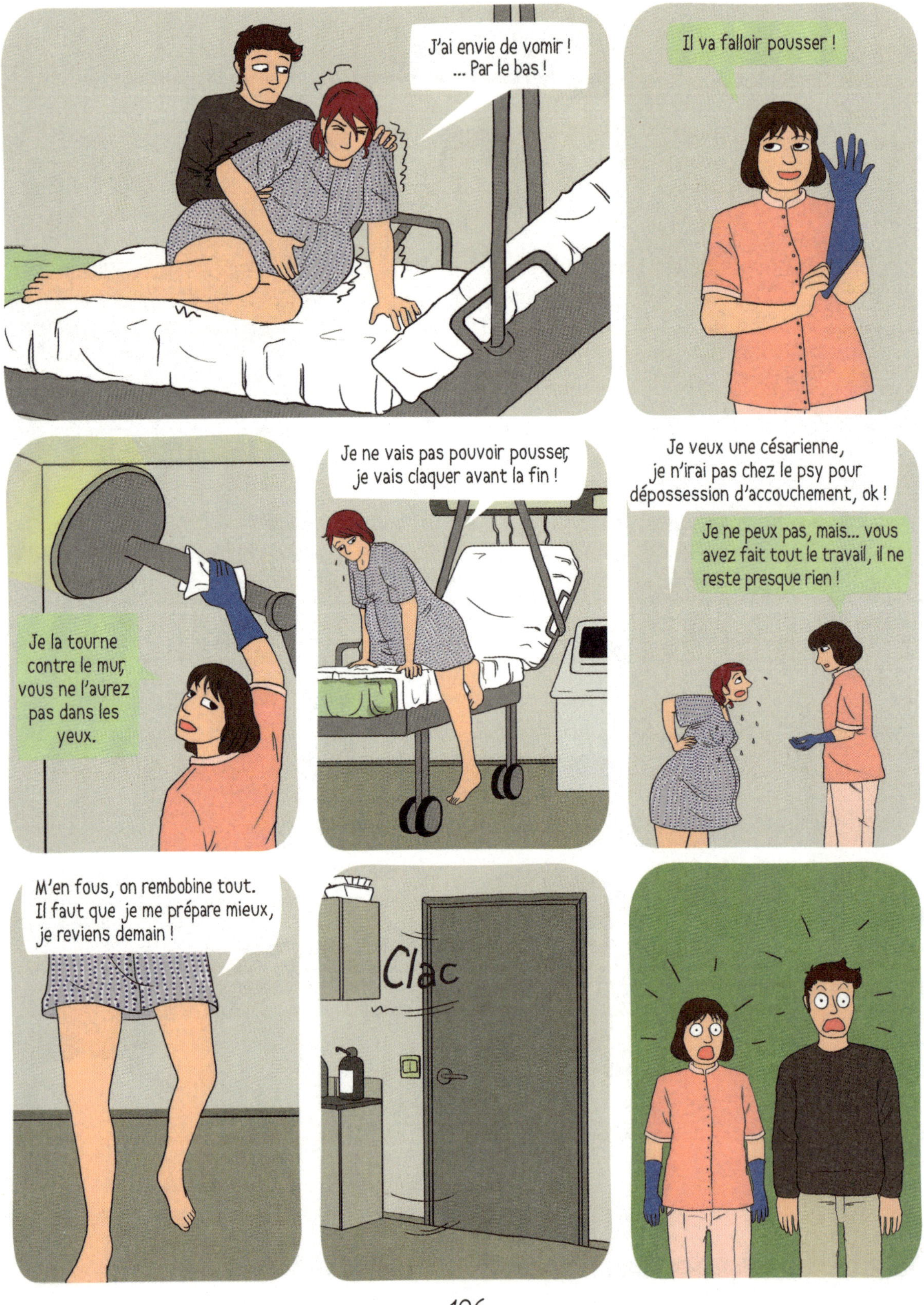
J'ai envie de vomir ! ... Par le bas !
Il va falloir pousser !
Je la tourne contre le mur, vous ne l'aurez pas dans les yeux.
Je ne vais pas pouvoir pousser, je vais claquer avant la fin !
Je veux une césarienne, je n'irai pas chez le psy pour dépossession d'accouchement, ok !
Je ne peux pas, mais... vous avez fait tout le travail, il ne reste presque rien !
M'en fous, on rembobine tout. Il faut que je me prépare mieux, je reviens demain !
Clac

Encore, encore, encore, on y est presque...

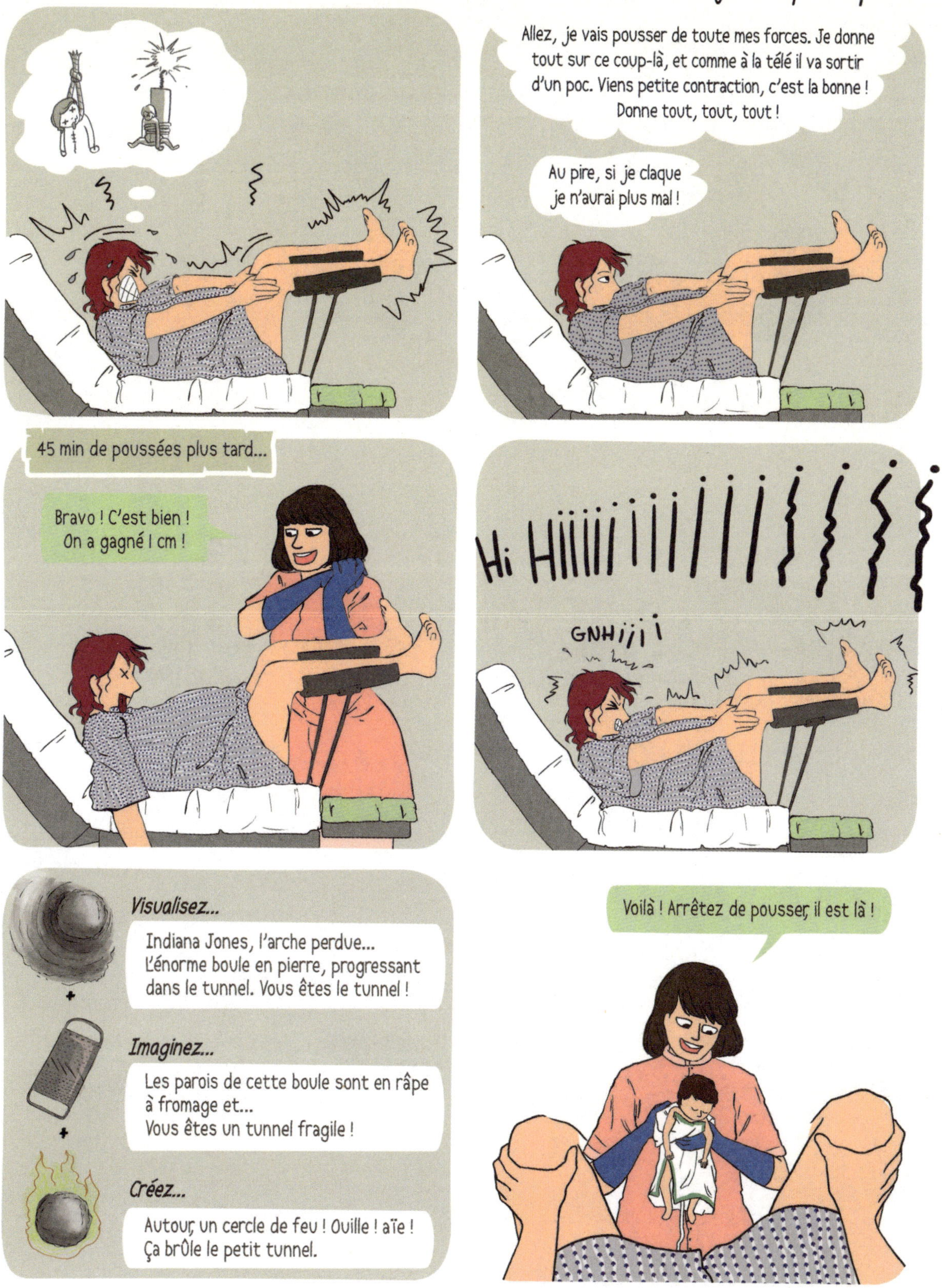

Allez, je vais pousser de toute mes forces. Je donne tout sur ce coup-là, et comme à la télé il va sortir d'un poc. Viens petite contraction, c'est la bonne ! Donne tout, tout, tout !
Au pire, si je claque je n'aurai plus mal !
45 min de poussées plus tard...
Bravo ! C'est bien ! On a gagné 1 cm !
Hi Hiiiiiiiiiiiiii
GNHiiii
Visualisez...
Indiana Jones, l'arche perdue... L'énorme boule en pierre, progressant dans le tunnel. Vous êtes le tunnel !
Imaginez...
Les parois de cette boule sont en râpe à fromage et... Vous êtes un tunnel fragile !
Créez...
Autour, un cercle de feu ! Ouille ! aïe ! Ça brûle le petit tunnel.
Voilà ! Arrêtez de pousser, il est là !

La première fois qu'il est arrivé sur mon ventre...

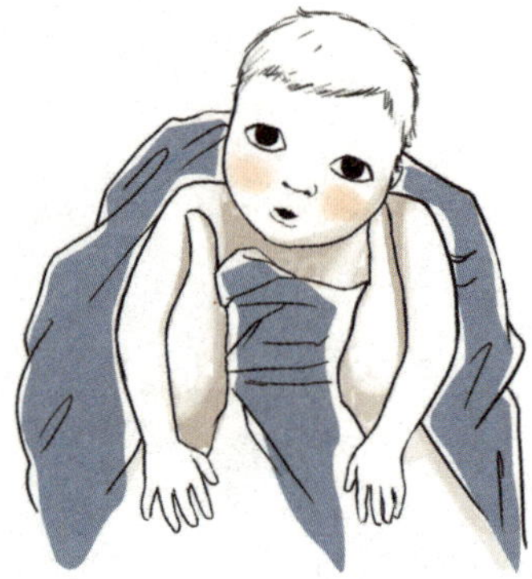

Je l'ai trouvé gluant.

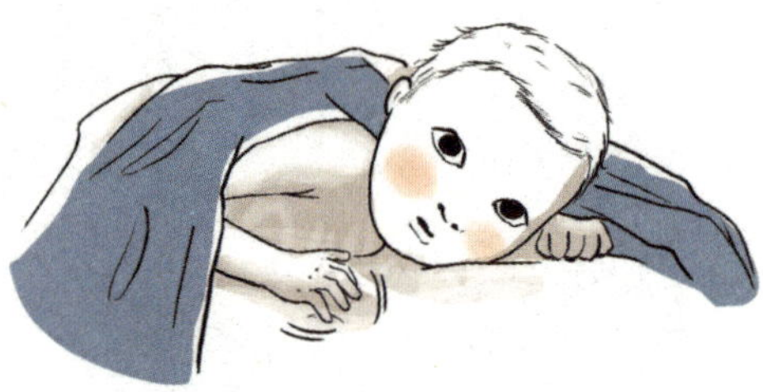

Je sentais ses orteils et ses mains s'agripper.
Comme à l'intérieur, mais de l'autre côté.

Il a levé la tête, et il nous a scrutés
avec ses deux billes bleues écarquillées.

On est restés silencieux, immobiles...
On a rétréci.

Il a tout rempli.

Elles sont parties ?
Elles nous laissent 2 heures seuls.
Après, tu accompagneras la sage-femme pour les premiers soins, l'habiller...
Et si tu le lâches des yeux, je te tue !
ut, tût, c'est nous ! Elle a regardé son rythme cardiaqu sa respiration, la marche réflexe, la succion, la saisie des mains, l'ouïe, la vue, par contre elle ne lui a pas mis de sond ans le nez, ni dans l'œsophage. Blablabla... Blablabla... Et toi, ç
Comme un chou-fleur éclaté venant d'expulser un semi-remorque.
Tu veux le porter ?
Non.
Prends-le.
Non, j'attendrai qu'il marche !
e fais pas tomber par terre. Ne le fais pas tomber par terre. Ne le fais pas tomber par terre. Ne le fais pas tomber par terre.
Il glisse ! AH-AH ! Si je le fais tomber par terre... Elle va me tuer !

René ! Fais tes valises ! La petite a accouché !
Hu ! Je suis pas sourd ! Je suis à côté de toi je te rappelle.
Charge la voiture !!!
Ça c'est bien passé ?
Prends les billets d'avion, vite !
Ah, c'est bien qu'elle n'ait pas eu d'épisiotomie !
Attends avant d'appeller ta sœur ! Laisse-leur annoncer la naissance eux-mêmes !
Ce soir à 21h56.
Enlève ça du coffre, comment tu veux le fermer ?
Tu as prévenu papa ?
Combien il mesure ? Combien il pèse ?
Je sais pas, demande à Sylvain.
Non ! Mince, je l'ai oublié !
Attends répète, je ne capte pas bien !
Je n'y vais pas ! Elle n'est pas venue pour la fête de mon fils, je n'irai pas voir le sien. Elle n'a qu'à venir, elle !
Amène le landau, elle en voulait un.
Attends demain, il est 23h, ils doivent dormir...
Bon, écoute, je les appelle ! Je bous, je veux savoir !
Hihou ! Combien il pèse alors ? Quelqu'un peut me dire son prénom ?
Comment tu veux faire 800 bornes avec ton GPS pourri ! Il marche pas ton bouton !!! JE VAIS LE BALANCER TON MACHIN !

La maternité en V.O. sous-titrée

Ouistiti !
= Un petit sourire ?
Avec flash de préférence. Que le mitraillage de photos commence ! Ça tombe bien, la jeune maman a toujours une mine superbe.

Tiens, un petit cadeau !
= symbole
Bienvenue dans ta nouvelle vie. Tu vas en voir de toutes les couleurs, tous les jours ! Emballe ton bébé dans du rose, du bleu, rajoute des froufrous, des doudous tout doux et cela se passera bien.
La layette, c'est le cache-misère des pleurs la nuit, du caca qui déborde et des crises de nerfs ! Tu en recevras plein.

L'accouchement s'est-il bien passé ?
= rite initiatique
Généralement, tu réponds un "Oui" sobre sans trop détailler. Bravo ! Tu viens d'apprendre à prendre sur toi, à ne pas te plaindre et ce à jamais. Cette question fait partie du rituel d'introduction au statut de mère car ton interlocuteur connaît la boucherie.
Subis et souris chérie !

Comme il est magnifique !
= compliment de politesse
Message codé utilisé pour encourager et rassurer la mère encore endolorie par la torture de l'accouchement. Malgré toute absence de sincérité, cette formule est employée pour engager la conversation, déclencher un sourire sur le visage livide de la jeune maman zombifiée par le manque de sommeil.

Si ça ne vous dérange pas de sortir... J'aimerais bien le nourrir tranquillement, puis on a un petit peu sommeil et, si jamais j'ai le temps, j'irais bien me laver... Vous seriez adorables.

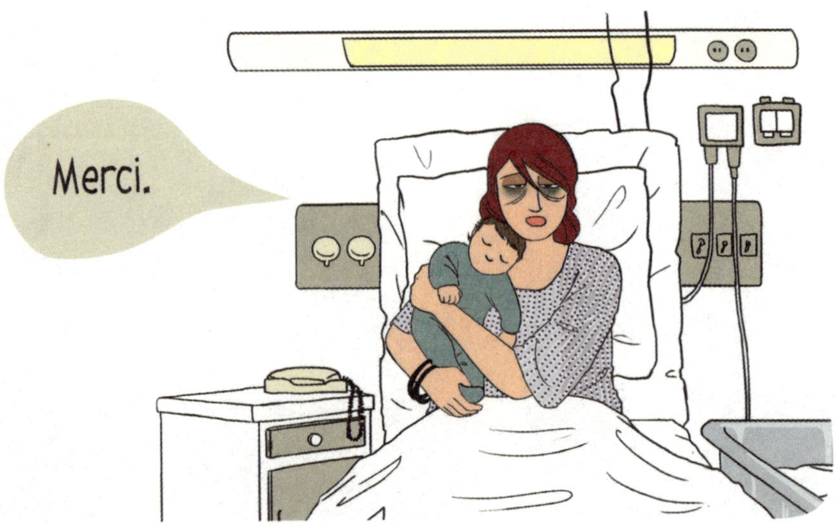
Merci.

Pour vous, le biberon, ce sera toutes les 3h.
Pour vous, le sein, c'est à la demande.
Depuis quand il y a les enfants qui ont le DROIT de manger quand ils ont faim et pas les autres ?
MOUHAHAH!
MOUHAHAHAHAH!
MOUHAHAHAHAHAH!
MOUAHAHAHAHA!

Avoir un enfant, c'est Koh-Lanta !

LE SEXE
Quand est-ce qu'on pourra re-faire, heu... un p'tit câlin quoi ?
Hey, toi, le sein ! Ramène-toi, j'ai faim !
LAISSEZ-MOI ! C'EST MON CORPS À MOI !!! ET IL A MAL PARTOUT !
SORTIR
J'enfile ma veste et je suis prête en 2 minutes !
J'aurais dû prendre un sac de randonnée !
couches
liniment
coton
eau
mouchoir papier
MANGER
Midi n'existe plus, seule l'entre-deux tétées compte. 3, 2, 1 partez...
Vite, vite ! Garde le rythme, il va se réveiller dans 3min' 18 sec' !
Je commence à avoir une crampe ; prépare-toi à prendre le relais !

Reconnaître des nouveaux parents

Changement cosmétique
liniment oléo-calcaire
DÉO
EOSIN
PARENTS
COTON
LAVE-MAIN
2 %
Espace bébé 98 %
Nouveaux repères : spatiaux et temporels
Conversations philosophiques et romantiques
Il a fait caca ?
De la purée jusqu'aux dessous de bras à 15h20.
Il a dormi 2h30 et il a vomi sur ton seul pull propre.
Génial, je vais sentir le lait caillé. Il a fait son rot ?
Comme un ivrogne qui a cuvé 1,5 l de rouge !
Aspects physiques
silhouette de zombie
soutien-gorge d'allaitement
cernes
parfumé au lait caillé
vêtements tachés de vomi depuis 4 jours
éosine soin cordon
accessoires de mode
chaussettes trouées

Le papa blues

Plus de films... 2h, trop long.
Plus de restaurants...
Plus de sorties...
À 19h, c'était l'heure de l'apéro, aujourd'hui c'est l'heure des petits pots.
Plus de temps libre...
Z
Z
z

Bon, je vais me tenter une douche.
AHAHAHAH !!!!! J'en peux plus ! Je peux plus dormir, je tiendrai pas !
Tu rigoles ! C'est la plus longue nuit depuis la maternité ! 4 heures consécutives, le rêve !
Il était dans son esprit bien avant de me rencontrer.
J'ai accepté de faire un enfant pour être avec toi. Maintenant qu'il est là, je ne t'ai plus.
Je suis désolée.
Moi aussi.

Ancienne école / Nouvelle école

LE PATER FAMILIAS

Le spécimen gagne la croûte. Symbole de l'autorité suprême après Dieu. Il se fait obéir au doigt et à l'œil car il en va de son honneur. Malheureusement, il a perdu le droit de vie et de mort sur sa femme et ses mouflets.

TIENS-TOI CORRECTEMENT OU JE T'EN COLLE UNE !!

LE PÈRE MODERNE

Le spécimen exprime ses sentiments, revendique le maternage au point d'avoir des montées de lait. Manifeste pour changer les couches comme maman. Couronné par les magazines féminins car au pays des nanas, les hommes sont toujours… rois !

BisouBisouBisouBis
CUICUI !
agadagadagada
Areuh
Areuh.
GUIZOU ! GUIZOU !
Fais risette à papa
COUCOU CACHÉ

L'esclavage moderne

Pitié !
Dors !
Ouinnn...
Ouiiin
Ouin
Ouiiinnn...
OUIN
OUIIIIIIINN
OUIIIIIIN

RHÂ !!
J'EN AI
MARRE
MAAAAARRE
MARRE !
C'est bon, j'ai fondu,
tu m'as eu.

Les positions clés du jeu vidéo avec bébé

Position 1 - Dite L'ÉQUILIBRISTE
SUR CONSOLE : positionner le transat entre les jambes comme ci-dessus. Puis effectuer des petits mouvement avec les pieds afin de profiter de la sieste le plus longtemps possible.
Position 2 - Dite LA POULE COUVEUSE
SUR PC dans le bureau : l'écharpe de portage est recommandée pour la disponibilité et la sécurité qu'elle permet. En effet, l'enfant ne tombera pas par terre ! Un petit + : le port du casque afin d'éviter toute nuisance sonore parasitant le repos de bébé et donc la tranquilité de papa.
Position 3 - Dite LA MADONE
SUR LA TÉLÉVISION : brancher son ordinateur, puis muni d'un clavier à molette (remplace la souris) d'une rallonge USB pour éviter les ondes du sans-fil, installez-vous très confortablementsur le canapé pour glander avec bébé, bien sûr.
P.S. : pour obtenir des positions supplémentaires se référer aux positions d'allaitement.

Ça lui fait penser à l'utérus

Quand il colle sa tête contre les rebords...
Quand il est dans l'eau du bain...
Quand on lui caresse la tête dans un certain sens...
Quand il colle ses pieds sur des parois...
I want to break FREE
Quand il écoute le son de la voix,
mais pas n'importe laquelle !
Quand le mouvement de la marche le berce.

Le clan

Ouin
Ça ne me l'avait jamais fait avant.
Je ne les avais jamais vus avant.
ouiiinnn
RAYON
Tous, se retourner simultanément.
Ouin
Ouin...
Ouinnn... Ouinn...
Aheu...
Tous ceux qui en avaient eu un...
J'ai regardé leurs yeux se reconnaître... J'ai souri. Une dame m'a souri aussi. Ça y est !
Je fais partie du clan... Le clan des mamans.

Il y a les jours avec.

Café

Il y a les jours sans.

Parfois nous sommes invincibles.

Parfois nous sommes faillibles.

Il y a les jours avec.

REPROCHE
COLERE

Il y a les jours sans.

Parfois à bout de tout.

Parfois émerveillés d'un rien, d'une première fois.

07.03.2009

Au revoir à toi, la fille que j'étais avant.
Merci pour cette aventure folle,
mon insouciante, ma joyeuse, ma rêveuse.

Maintenant…

rien ne sera plus jamais pareil.

Merci !

Merci à tous les lecteurs qui ont accompagné mon blog, post après post.
Merci pour tous les messages d'amitié qui m'ont encouragée page après page.

Merci à Fatima Bertois, elle sait pourquoi.

Merci à tous ceux que j'ai rencontré sur la toile,
aux belles rencontres de *9 blogueurs racontent 9 mois* et particulièrement :
Isabelle Duvert *e-zabel.com*
Benjamin Buhot *tillthecat.com*
Astrid Morice *astridm.com*
Michaël Garcini *papacube.com*
Marlène Schiappa *mamantravaille.com*
Valérie Kobb *valerieleblog.blogspot.fr*

Merci à Lisa Marcel Isirdi *vaudoo.blogspot.fr*
Béatrice Knoepfler *Drolesdemums.com*
Marie Perarnau *mamanstestent.com*
Fabienne Saqué *artilt.com*
Sophie Carray et Yohan K.
Mélissa Alcoléa
Stéphanie Garcini
Guillaume Chabal
pour leur aide précieuse.

Merci à Cédrine Meier, Ségolène Finet et Valérie Halimi qui m'ont aidée à porter cet album un peu plus loin.

Merci à Jean-Claude, Hervé et Franck, mes trois éditeurs sans qui cet album ne serait pas entre vos mains.

Et enfin merci à un certain "M. Je veux pas trop d'bébé" pour un certain café.
La théorie du caillou a fait le reste...

Achevé d'imprimer
en décembre 2014
par Aubin (France)
Dépôt légal janvier 2015

Retrouvez l'auteur sur :

http://jeveux1bebe.com
http://9blogueurs9mois.blogspot.fr
http://mange-tasoupe.blogspot.fr